"一带一路"

总主编◎王　丽

白俄罗斯名人传

The Legend of the People
along the Belt and Road
FAMOUS NAMES
OF BELARUS

主编◎王宪举

当代世界出版社
THE CONTEMPORARY WORLD PRESS

图书在版编目（CIP）数据

白俄罗斯名人传 / 王丽主编；王宪举分册主编. --北京：当代世界出版社，2019.6（2023.2 重印）
（"一带一路"列国人物传系）
ISBN 978-7-5090-1507-0

Ⅰ.①白… Ⅱ.①王… ②王… Ⅲ.①人物－列传－白俄罗斯 Ⅳ.① K835.114

中国版本图书馆 CIP 数据核字 (2019) 第 097138 号

书　　名：	"一带一路"列国人物传系·白俄罗斯名人传
出版发行：	当代世界出版社
地　　址：	北京市东城区地安门东大街70-9号
网　　址：	http://www.worldpress.org.cn
编务电话：	(010) 83907528
发行电话：	(010) 83908410（传真）
	13601274970
	18611107149
	13521909533
经　　销：	新华书店
印　　刷：	北京一鑫印务有限责任公司
开　　本：	880毫米×1230毫米　1/32
印　　张：	9.75
字　　数：	196千字
版　　次：	2019年6月第1版
印　　次：	2023年2月第2次
书　　号：	ISBN 978-7-5090-1507-0
定　　价：	59.00元

如发现印装质量问题，请与承印厂联系调换。
版权所有，翻印必究；未经许可，不得转载！

《"一带一路"列国人物传系》编辑委员会

指导单位：
中国文学艺术界联合会
中国社会科学院国家全球战略智库

编委会：
主　任：王　丽
副主任：唐得阳　王灵桂
委　员：（按姓氏笔画排序）

丁闻琦	丁　超	于　青	于福龙	马细谱	王成军	王　丽
王灵桂	王建沂	王春阳	王郦久	王洪起	王宪举	王　渊
文　炜	孔祥琇	石　岚	白明亮	冯玉芝	成　功	朱可人
刘　文	刘思彤	刘铨超	安国君	许文鸿	许烟华	孙钢宏
孙晓玲	苏　秦	杜荣友	李一鸣	李永全	李永庆	李垂发
李玲玲	李贵方	李润南	余志和	宋　健	张　宁	张　敏
陈小明	邵诗洋	邵逸文	周由强	周　戎	周国长	庞亚楠
胡圣文	姜林晨	贺　颖	贾仁山	高子华	高宏然	唐岫敏
唐得阳	董　鹏	韩同飞	景　峰	程　稀	谢路军	翟文婧
熊友奇	鞠思佳					

支持单位：
中国社会科学院俄罗斯东欧中亚研究所
北京融商一带一路法律与商事服务中心

法律顾问：
北京德恒律师事务所

总　序
群星闪耀"一带一路"

2013年9月7日，中国国家主席习近平在哈萨克斯坦纳扎尔巴耶夫大学发表演讲，以博古通今的睿智对大学生们娓娓道来丝绸之路古老而年轻的故事。

"2100多年前，中国汉代的张骞肩负和平友好使命，两次出使中亚，开启了中国同中亚各国友好交往的大门，开辟出一条横贯东西、连接欧亚的丝绸之路。"[1]

"我的家乡陕西，就位于古丝绸之路的起点。站在这里，回首历史，我仿佛听到了山间回荡的声声驼铃，看到了大漠飘飞的袅袅孤烟。这一切，让我感到十分亲切。哈萨克斯坦这片土地，是古丝绸之路经过的地方，曾经为沟通东西方文明，促进不同民族、不同文化相互交流和合作作出过重要贡献。东西方使节、商队、游客、学者、工匠川流不息，沿途各国互通有无、互学互鉴，共同推动了人类文明进步。"

---

[1] 《习近平谈治国理政》，北京：外文出版社，2014年10月第1版，第287页。

"不同种族、不同信仰、不同文化背景的国家完全可以共享和平、共同发展。这是古丝绸之路留给我们的宝贵启示"，"为了使我们欧亚各国经济联系更加紧密、相互合作更加深入、发展空间更加广阔，我们可以用创新的合作模式，共同建设'丝绸之路经济带'。" [1]

推己及人，高瞻远瞩，引领时代，习近平主席在阿斯塔纳[2]通过哈萨克斯坦人民，首次向世界发出了让古老的丝路精神再次焕发青春和光彩的时代宣言。

2013年10月3日，习近平主席在印度尼西亚国会发表了题为《携手建设中国—东盟命运共同体》的演讲，首次向世界发出共建21世纪海上丝绸之路的倡议。

"东南亚地区自古以来就是'海上丝绸之路'的重要枢纽，中国愿同东盟国家加强海上合作，使用好中国政府设立的中国—东盟海上合作基金，发展好海洋合作伙伴关系，共同建设21世纪'海上丝绸之路'" [3]，"发挥各自优势，实现多元共生、包容共进，共同造福于本地区人民和世界各国人民" [4]。

---

[1] 《习近平谈治国理政》，北京：外文出版社，2014年10月第1版，第287页。

[2] 哈萨克斯坦新首都名称。

[3] 《习近平谈治国理政》，北京：外文出版社，2014年10月第1版，第293-295页。

[4] 《习近平谈治国理政》，北京：外文出版社，2014年10月第1版，第293-295页。

这个倡议和9月7日的演讲异曲同工、遥相呼应、互为映衬，完整地提出了"丝绸之路经济带"和"21世纪海上丝绸之路"的宏伟构想。

从广袤的亚欧腹地哈萨克斯坦到风光旖旎的印度尼西亚，习近平提出的"丝绸之路经济带"和"21世纪海上丝绸之路"吸引了世界各国的目光。从2013年9月至2016年8月，习近平出访37个国家（亚洲18国、欧洲9国、非洲3国、拉美4国、大洋洲3国），对"一带一路"倡议的总体框架和基本内涵做了充分阐述。和平合作、开放包容、互学互鉴、互利共赢的丝路精神，共商、共建、共享的合作理念，驱散了"去全球化"的阴霾，为增长低迷的世界经济注入新的动能。各国纷纷将本国经济发展与中国政府制定的《推动共建丝绸之路经济带和21世纪海上丝绸之路的愿景与行动》规划相衔接。"一带一路"倡导的政策沟通、设施联通、贸易畅通、资金融通、民心相通，正在以基础设施、经贸合作、产业投资、能源资源、金融支撑、人文交流、生态环保、海洋合作等为载体和依托，在全球掀起了投资兴业、互联互通、技术创新、产能合作的新势头。2016年中国牵头成立有57个成员国加入的亚洲基础设施投资银行（AIIB），截至2018年12月19日成员总数增至93个，在13个国家开展35个项目。孟加拉配电系统升级扩容项目、印尼全国棚户区改造项目、巴基斯坦国家高速公路项目和塔吉克斯坦杜尚别至乌兹别克斯坦道路改造项目已经获得亚投行金融支持，共商共建成为现实。

"一带一路"倡议得到国际社会的热烈响应。2016年11月17日，第71届联合国大会193个成员国一致赞同，通过了第A/71/9号决议，欢迎"一带一路"倡议，敦促各方通过参与"一带一路"倡议等加强阿富汗及地区经济发展，呼吁国际社会为开展"一带一路"建设提供安全保障环境。2017年3月17日，联合国安理会全票赞成，一致通过第2344号决议，呼吁国际社会凝聚援助阿富汗共识，通过"一带一路"建设等加强区域经济合作，敦促各方为"一带一路"建设提供安全保障环境。

2017年1月，习近平主席在联合国日内瓦总部发表题为《共同构建人类命运共同体》的重要演讲，全面深入系统阐述人类命运共同体重大理念，在国际上引起热烈反响，受到各方普遍欢迎和高度评价。3月23日，联合国人权理事会第34次会议通过关于"经济、社会、文化权利"和"粮食权"两个决议，决议明确表示要"构建人类命运共同体"。这是人类命运共同体重大理念首次载入人权理事会决议，标志着这一理念成为国际人权话语体系的重要组成部分。

"一带一路"不是中国的独角戏，是与亚、欧、非洲及世界各国共同奏响的交响乐。中国恪守联合国宪章的宗旨和原则、坚持开放合作、和谐包容、政策沟通，培育政治互信，建立合作共识，协调发展战略、促进贸易便利化及多边合作体制机制。中国携手100多个国家和地区，依托国际大通道，以陆上沿线中心城市为支撑，以重点经贸产业园区为合作平台，共同打造新亚欧大陆桥、中蒙俄、中国—中亚—西亚、中巴、孟中印缅、中国—中南半岛等国际经济合作走廊进展顺利，中欧班列在贸易畅通上动力强劲，风景亮丽；以海上重点港口为节点，共同建设通畅安全高效的运输通道，实现陆海路径的紧密关联和合作，太平洋、印度洋、大西洋上巨轮往来频繁，遥相呼应。亚太经合组织、亚欧会议、大湄公河次区域合作的有关决议或文件，都体现了"一带一路"建设内容。丝路基金、开发性金融、供应链金融汇聚全球财富，建设绿色、健康、智慧与和平的丝绸之路，增进各国民众福祉。

"一带一路"是人类历史上从未有过的恢弘蓝图，也是横跨亚非欧连接世界各国的暖心红线。丝绸之路经济带包括中国经中亚、俄罗斯至欧洲（波罗的海），中国经中亚、西亚至波斯湾、地中海，中国至东南亚、南亚、印度洋；21世纪海上丝绸之路包括从中国沿海港口过南海到印度洋再延伸至欧洲和南太平洋。一路驼铃声声、舟楫相望，互通有无、友好交往。

在新的时代，在创新古老丝路精神的伟大进程中，习近

平主席专门缅怀丝路开拓者,特意致敬古丝路精神奠基人:

"我们的祖先在大漠戈壁上'驰命走驿,不绝于时月',在汪洋大海中'云帆高张,昼夜星驰',走在了古代世界各民族友好交往的前列。甘英、郑和、伊本·白图泰是我们熟悉的中阿交流友好使者。丝绸之路把中国的造纸术、火药、印刷术、指南针经阿拉伯地区传播到欧洲,又把阿拉伯的天文、历法、医药介绍到中国,在文明交流互鉴史上写下了重要篇章。

千百年来,丝绸之路承载的和平合作、开放包容、互学互鉴、互利共赢精神薪火相传。"[1]。

这种吃水不忘挖井人的情怀,再次展现了中华民族不忘历史、纪念先贤、展望未来的优秀文化基因,也为中国传记文学学会参加"一带一路"建设指明了方向和道路。

在古老的丝绸之路上,我们不曾相忘:张骞出使西域到过的世界上最大的内陆国家哈萨克斯坦、山高水长的好邻居巴基斯坦、双头鹰下横跨欧亚之国俄罗斯、草原之国蒙古、喜马拉雅浮世天堂尼泊尔、菩提恒河保佑之国印度、文化瑰宝伊朗、首创法典之国伊拉克、红海门户也门、石油王国沙

---

[1] 习近平:《弘扬丝路精神,深化中阿合作》,2014年6月5日,习近平在中—阿合作论坛第六届部长级会议开幕式上的讲话,载《人民日报》,2014年6月6日第1版。

特阿拉伯、波斯湾明珠巴林、雪松之国黎巴嫩、海湾之秀科威特、沙漠之巅阿联酋、半岛明珠卡塔尔、波斯湾霍尔木兹海峡守门人阿曼、万湖之国白俄罗斯、欧亚十字路口土耳其,流着奶和蜜之地以色列、欧洲粮仓乌克兰、亚平宁半岛上的文化巅峰意大利、阿尔卑斯之巅的瑞士、玫瑰之国保加利亚、与灵魂对话的思辨之国德意志、欧洲文化殿堂法兰西、欧洲客厅比利时、郁金香之国荷兰、热情如火的西班牙,还有正在脱欧的绅士国度英国、北非金字塔之国埃及、非洲屋脊奉马蹄莲为国花的埃塞俄比亚、香草大岛之国马达加斯加,等等。

沿着海上丝绸之路,我们会领略丛林花园之国马来西亚、花园国度新加坡、千岛之国菲律宾、赤道翡翠之国印度尼西亚;沿澜沧江一路南下,我们不曾相忘澜湄泽润之国越南、千佛之国泰国、高棉的微笑之国柬埔寨、万象之都老挝、印度洋上明珠之国斯里兰卡、印度洋上的明星和钥匙毛里求斯、堆金积玉之国文莱、追求自由之国东帝汶、印度洋世外桃源马尔代夫、骑在羊背上的国家澳大利亚、上帝的后花园新西兰,等等。

"一带一路"沿线国家里,那些千百年来影响了人类与国家、民族命运并与中国曾经有过交往的古今人物,至今还能在教科书、影视剧里看到他们,还能感受到他们在一代又一代年轻人身上所生发的影响和魅力。

当然,对于中国人来说,更为熟悉的是丝绸之路的开拓者。

曾记否？丝绸之路开拓者中，有汉武帝和他的使节们，有首开大唐盛世的唐太宗及其无数臣民，有再续睦邻通商航海路的宋祖朝廷和无数先贤，还有金戈铁马风漫卷的元代人物，一统江山万里帆的明代人物，环球凉热自清浊的清代人物，东西碰撞溅火花的近代人物，还有经受风雨变迁、勇立海国之志的现代人物，更有丝路明珠敦煌莫高窟的守护者，卫国助邻的将军和通司中外的外交家们。当然，数风流人物，还看今朝，我们不能不浓墨重彩地讴歌那些智通商海，投身到新丝路建设中的当代人物。

耕云播雨，香火延续，智慧传承，历史再续！2100多年的友好交往历史从未隔断，惠及三大洲的中西交通从未停歇，21世纪的"中国梦"和"世界梦"汇成了人类命运共同体的时代和弦，响彻在"一带一路"辽阔的长空。也正因如此，2017年5月，北京喜迎来自"一带一路"相关国家的元首、政府首脑、前政要、知名企业家和专家学者等各界代表，以及国际组织的负责人等千名领袖，出席"国际合作高峰论坛"。"千人盛会"共襄"团结互信、平等互利、包容互鉴、合作共赢"[1]之盛举，共商"造福沿途各国人民的大事业"[2]之合作共赢大

---

[1] 习近平：《弘扬人民友谊，共创美好未来》，2013年9月7日，习近平主席在哈萨克斯坦纳扎尔巴耶夫大学的演讲。
[2] 习近平：《弘扬人民友谊，共创美好未来》，2013年9月7日，习近平主席在哈萨克斯坦纳扎尔巴耶夫大学的演讲。

计。这是中华民族和世界历史上都应该铭记的大日子。

以人物传记写作为己任的中国传记文学学会，在"一带一路"倡议实施中，肩负"讲好'一带一路'民心相通好故事"的使命和责任，这也是国家赋予我们的根本职责和任务。在中国文学艺术界联合会的领导下，在中国社会科学院国家全球战略智库指导下，中国传记文学学会以赤诚的家国情怀、强烈的时代精神、为人传记的责任担当，在认真调研、周密谋划、精心组织基础上，毅然决定倾注全力组织编写出版《"一带一路"列国人物传系》。此煌煌百卷传系讲述近千名各国人物故事，集数百位专家作家尽心挥毫，夜以继日，……幸得中国民营经济国际合作商会倾力赞助，又得中央文化企业当代世界出版社有限公司出版发行。于是，各位读者得以读到手中的这套活泼而不失厚重、有趣而不失学养的列国人物合传书卷。

孔子曰："仁者，人也"。让各国的先贤智者的思想光辉，照亮我们探索人类未来的道路。

传记明志，落笔为文，是为总序。

中国传记文学学会会长
《"一带一路"列国人物传系》编委会主任　王丽博士
2019年3月30日

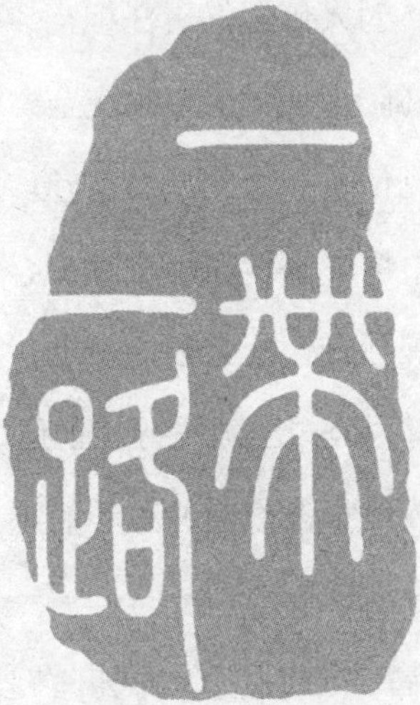

Introduction:
The Star-studded "Belt and Road"

On September 7, 2013, Chinese President Xi Jinping delivered a speech at Kazakhstan's Nazarbayev University, telling college students the ancient yet up to date stories of the Silk Road with well-versed wisdom.

"More than 2,100 years ago during the Han Dynasty (206 BC-AD 220), a Chinese envoy named Zhang Qian was twice sent to Central Asia twice on missions of peace and friendship. His journeys opened the door to friendly contacts between China and Central Asian countries, and started the Silk Road linking east and west, Asia and Europe.

Shaanxi, my home province, is right at the starting point of the ancient Silk Road. Today, as I stand here and look back at that history, I seem to hear the camel bells echoing in the mountains and see the wisp of smoke rising from the desert, and this gives me a specially good feeling.

Kazakhstan, located on the ancient Silk Road, has made an important contribution to the exchanges between the Eastern and Western civilizations and the interactions and cooperation between various nations and cultures. This land has borne witness to a steady stream of envoys, caravans, travelers, scholars and artisans traveling between the East and the West. The exchanges and mutual learning thus made possible promoted the progress of human civilization."[1]

"[C]ountries of different races, beliefs and cultural backgrounds are fully able to share peace and development. This is the valuable inspiration we have drawn from the ancient Silk Road,"[2] and "[t]o forge closer economic ties, deepen cooperation and expand development space in the Eurasian region, we should take an innovative approach and jointly build an economic belt along the Silk Road." [3]

With caring, vision and leadership, through the people of Kazakhstan in Astana,[4] President Xi Jinping, for the first time, has made a declaration to the world that will rejuvenate the spirit of the ancient Silk Road.

On October 3, 2013, President Xi Jinping gave a speech titled "Work together to build a China-Asean community with a shared future "at the people's Representative Council of Indonesia, proposing to the world to build a 21st Century Maritime Silk Road.

"Southeast Asia has since ancient times been an important hub along the ancient Maritime Silk Road. China will strengthen maritime cooperation with the ASEAN countries, and the China-ASEAN Maritime Cooperation Fund set up by the Chinese government should be used to develop maritime partnership in a joint effort to build the 'Maritime Silk Road' of the 21st century."[5] And "[t]he two sides need to give full rein to

---

[1]　Xi Jinping: The Governance of China. 1st ed., Foreign Languages Press, Beijing, October 2014, p.311.
[2]　Xi Jinping: The Governance of China. 1st ed., Foreign Languages Press, Beijing, October 2014, p.312.
[3]　Xi Jinping: The Governance of China. 1st ed., Foreign Languages Press, Beijing, October 2014, p.313.
[4]　The name of the new capital of Kazakhstan.
[5]　Xi Jinping: The Governance of China. 1st ed., Foreign Languages Press, Beijing, October 2014, p.317.

our respective strengths to enhance diversity, harmony, inclusiveness and common progress in our region for the benefit of both our people and the people outside the region."[1]

This initiative and the speech on September 7 both express the same idea and echo with each other, completing a grand vision of the "Silk Road Economic Belt" and the "21st Century Maritime Silk Road."

From Kazakhstan in the vast Eurasian hinterland to the beautiful scenery of Indonesia, Xi Jinping's proposed "Silk Road Economic Belt" and "21st Century Maritime Silk Road" have attracted the attention of countries all over the world. From September 2013 to August 2016, Xi visited 37 countries (18 in Asia, 9 in Europe, 3 in Africa, 4 in Latin America and 3 in Oceania), and fully elaborated on the overall framework and basic connotation of the "Belt and Road" initiative. The Silk Road spirit of peace and cooperation, openness and inclusiveness, mutual learning, and mutual benefit, combined with the idea that projects should be jointly built through consultation to meet the interests of all, dispels the haze of "de-globalization" and injects new kinetic energy into the sluggish growth of the world economy. Many countries have linked up their own economic development to the "Vision and proposed actions outlined on jointly building Silk Road Economic Belt and 21st- Century Maritime Silk Road" proposed by the Chinese government.

The "Belt and Road" initiative advocates policy coordination, facilities connectivity, unimpeded trade, financial integration, and people-to-people bond. With the emphasis on infrastructure build-up, economic and trade cooperation, industrial investment, energy resources development, financial support, people-to-people exchanges, ecological environmental

---

[1] Xi Jinping: The Governance of China. 1st ed., Foreign Languages Press, Beijing, October 2014, p.319.

protection, and marine cooperation, the initiative has set off a new momentum in investment, trade activity, technological innovation, and production capacity cooperation in the world. In 2016, China led the establishment of the Asian Infrastructure Investment Bank (AIIB), which was joined by 57 member states. As of Dec 19, 2018, the total number of members increased to 93, and 35 projects had been carried out in 13 countries. The Bangladesh Power Distribution System Upgrade Expansion Project, the Indonesia National Shanty Town Transformation Project, the Pakistan National Highway Project and the Tajikistan Dushanbe-Uzbekistan Border Road Improvement Project have received financial support from the AIIB. The idea of joint project implementation through consultation to meet the interests of all has since turned into reality.

The "Belt and Road" initiative has drawn strong and positive feedback from the international community. On November 17, 2016, the 71st session of the 193 members of the United Nations General Assembly unanimously endorsed the adoption of resolution A/71/9 to welcome the "Belt and Road" proposal, encouraging all of its member states to boost economic development of Afghanistan and the region through participation in the proposed project. In addition, it called on the international community to provide a safe and secure environment for the implementation of the initiative. On March 17, 2017, the United Nations Security Council voted unanimously to adopt resolution NO. 2344, and called on the international community to rally assistance to Afghanistan, and strengthen regional economic cooperation through the "Belt and Road" strategy, etc. It also urged all parties to provide a safe and secured environment for carring out the program.

In January 2017, President Xi Jinping delivered a keynote speech at the United Nations Office at Geneva titled "Work Together to Build a Community of Shared Future for Mankind," comprehensively and systematically elucidated the fundamental idea of a community with a shared future for mankind, which echoed enthusiastically in the international community and was widely welcomed and highly applauded by many countries, organizations and political parties. At its 34th meeting, on March 23, the United Nations Human Rights Council adopted two resolutions on "economic, social and cultural rights" and "the right to food," which clearly stated the need to "build a community with a shared future for mankind." This is the first time the landmark concept of a community with a shared future for mankind has been incorporated into a UN Human Rights Council resolution, and it has become an important part of the international human rights discourse system.

The "Belt and Road" is not a solo play by China only, but a symphony played in concert with Asia, Europe, Africa and countries around the world. China abides by the purposes and principles of the UN Charter, advocates openness and cooperation, espouses harmony and inclusiveness, supports policy coordination, fosters political mutual trust, builds consensus on cooperation, coordinates development strategies and promotes trade facilitation and the institutional mechanisms of multilateral cooperation. China has joined hands with more than 100 countries and regions to co- create a new Eurasian continental bridge. This has been accomplished by taking advantage of international transport routes that are supportive of the central cities along the "Belt and Road", and building key economic and trade industrial parks as a platform for cooperation. China-Mongolia-Russia, China-Central Asia-West Asia, China-Pakistan, Bangladesh-China-India-Myanmar, China-Indochina Peninsula and other international economic cooperation corridors are progressing smoothly. China Railway Express accentuates trade and shipping overland between China and Europe with a bright future. Meanwhile, key sea ports also serve as the nodes to jointly build a smooth, safe and efficient transportation network, and hence enables a close connection between land and sea routes. Together with the overland cargo train transportation, the frequent cargo ships sailing on the Pacific, Indian and Atlantic Oceans poses an amazing picture. In summary, the relevant resolutions or documents of the Asia-Pacific Economic Cooperation, the Asia-Europe Meeting, and the Greater Mekong Subregion Economic Cooperation program all embody the "Belt and Road" initiative. By bringing together the world's wealth, Silk Road Fund, development finance, and supply chain finance strive to build a green, healthy, intelligent and peaceful Silk Road, and enhance the well-being of people around the globe.

The "Belt and Road" is a grand blueprint that has never been seen in human history. It is also a warm heart line that connects Asia, Africa and Europe to countries around the world. The Silk Road Economic Belt includes China via Central Asia, Russia to Europe (Baltic Sea), China via Central Asia, West Asia to the Persian Gulf, the Mediterranean Sea, China to Southeast Asia, South Asia, and the Indian Ocean; the 21st Century Maritime Silk Road includes from China's coastal ports to the South China Sea as well as the Indian Ocean that extends to Europe and the South Pacific. Friendly exchanges among countries are just a camel-ride and a boat trip away from each other.

In this new era and the great course of renovating the spirit of the ancient Silk Road, President Xi Jinping dedicated to cherish the pioneers of the Silk Road and particularly pay tribute to the founders of the spirit of the ancient Silk Road:

"In ancient times, our ancestors struggled through deserts and sailed in boundless seas to transport Chinese products to countries overseas, taking a lead in international friendly contact. Along that path, Kan Ying, Zheng He and Ibn Battuta were all known as envoys of this China-Arab friendship. Through the Silk Road, Chinese inventions like paper-making, gunpowder, printing and the magnetic compass were spread to Europe, and Arabic conceptions like astronomy, the calendar and medicine were introduced to China.

For hundreds of years, the spirit that the Silk Road bears, namely, peace and cooperation, openness and inclusiveness, mutual learning, mutual benefits and win-win results, has lived on through generations."[1]

There is a Chinese saying that when you drink the water, think of those who dug the well. The implication that the Chinese people never forget history is clearly demonstrated in our excellent cultural tradition of commemorating the sages and at the same time looking forward to the future. It also points out the direction and path for the Chinese Biographical Literature Society to participate in the "Belt and Road" initiative.

On the ancient Silk Road, we have never forgotten Zhang Qian's diplomatic missions to the western regions in Han Dynasty that include Kazakhstan, the good neighbor Pakistan with high mountains and beautiful rivers, the double-headed eagle across Eurasian country Russia, grassland country Mongolia, Himalaya floating paradise Nepal, Bodhi Ganges blessed country India, cultural treasure Iran, the first Codex

---

[1] Xi Jinping.. "Promoting the Silk Road Spirit and Deepening China-Arab Cooperation." Key note speech at the opening ceremony of the 6th Ministerial Meeting of the China-Arab States Cooperation Forum, section one, People's Daily, June 6, 2014.

System member country Iraq, Red Sea gateway Yemen, oil kingdom Saudi Arabia, the Persian Gulf pearl Bahrain, cedar country Lebanon, Gulf Star Kuwait, desert peak UAE, the Peninsula pearl Qatar,and Oman - the gatekeeper of Hormuz Strait at Persian Gulf, thousand-lake country Belarus, Turkey at the Eurasian crossroads, Israel - a land flowing with milk and honey, Ukraine of European granary, Italy - the cultural pinnacle of Apennines, Switzerland at the top of Alpine, rose country Bulgaria, and Germany, a nation famous for great thinkers, France, the center of the European culture, the welcoming and comfortable Belgium, tulip country Netherlands, the warm and sunny Spain, as well as the elegant Brexit, pyramid country Egypt in North Africa, Ethiopia on the roof of Africa with the national flower of calla lily, the great Vanilla Island country Madagascar, and so on.

Along the Maritime Silk Road, we will come across Malaysia, the country of jungle gardens, garden country Singapore, the Thousand Islands country Philippine, and Indonesia, an emerald on the equator line. Down the Lancang-Mekong River all the way south, we will experience Vietnam whose land moistened by the Lancang-Mekong River, Thailand, the country of thousand Buddhas, the smiling country of Khmer Cambodia, and Laos, the "Land of a Million Elephants." On the Indian Ocean, we will also see the ocean pearl Sri Lanka, the ocean star Mauritius, the rich and abundant Brunei, the freedom seeker East Timor, the idyllic Maldives, and Australia, a country on the back of the sheep, New Zealand, the back garden of God, and so on.

In the countries along the Belt and Road, those ancient and modern figures who have influenced the destiny of mankind, countries and nations for thousands of years and had dealings with China are still seen in today's textbooks, movies and television dramas. Their influence and charm are still felt by generations of young people.

Certainly, for the Chinese people, we are more familiar with the pioneers of the Silk Road. Have we ever remembered? Among the trail blazers of the Silk Road were Emperor Wu of Han Dynasty and his envoys, Emperor Li Shimin, the co-founder of the Tang Dynasty that epitomized a golden age and his countless subjects, the Song imperial court and numerous sages who continued good-neighbor practice and friendly maritime navigation, as well as the Yuan Dynasty warriors who led armored cavalry with shining spears, the Ming Dynasty figures who unified the country, and the Qing Dynasty characters who maintained a clear mind during global turmoil, as well as the modern individuals who, by learning from both the west and the east in a time of rapid change, had the courage to build a sea power nation. There were also the guardians of Dunhuang Mogao Grottoes known as the Silk Road Pearl, the generals who safeguarded the country and helped the neighbors, and the diplomats who convey information and messages between China and foreign countries. Without a doubt, it is our current era that features true heroes. We can not praise highly enough the contemporary people who have been plunging themselves into the development of the new Silk Road.

Hard work pays off, family line continues, wisdom passes on, and history pushes forward! The history of friendly exchanges for more than 2,100 years has never ceased, and traffic between China and the West, which benefits the three continents, has been nonstop. The "Chinese Dream" and "World Dream" in the 21st century have become the chord of our time for humanity's shared future, resounding on the "Belt, and Road." For this reason, in May 2017, Beijing welcomed thousands of leaders from all walks of life, including heads of government, former eminent statesmen, well-known entrepreneurs, distinguished experts and scholars from the "Belt and Road" countries, as well as leaders of international organizations to attend the "International Cooperation Summit Forum." This grand event of "Thousands of people's meeting" shared "solidarity, mutual trust, equality, inclusiveness, mutual learning and win-win cooperation"[1] and exchanged views on this "great undertaking benefiting of the people of all countries along the route."[2] This is a big day that should be remembered in the history of the Chinese nation and the world.

In the implementation of the "Belt and Road" initiative, the Chinese Biographical Literature Society that devotes to biography writing, takes as its the mission "telling the good stories" of the "Belt and Road," which is also the responsibility entrusted to us by the state.

Under the leadership of the China Federation of Literary and Art Circles and the guidance of the National Global Strategic Think Tank of the Chinese Academy of Social Sciences, the Chinese Biographical Literature Society, with its love for the family and the nation, a keen spirit of the age and the responsibility of writing decent biographies, by careful research, thorough planning and thoughtful organization, made an unwavering decision to devote itself to organizing and publishing the "The Legend of the People along the Belt and Road nations." These brilliant volumes of biographies tell the stories of nearly a thousand national characters, involving laborious work from hundreds of expert writers who had been writing day and night over last year. Our gratitude extends

---

[1] Xi Jinping. Promote Friendship between Our People and Work Together to Build a Bright Future. Keynote speech at Nazarbayev University in Kazarkhstan.. September 7, 2013.

[2] Xi Jinping. Promote Friendship between Our People and Work Together to Build a Bright Future. Keynote speech at Nazarbayev University in Kazarkhstan.. September 7, 2013.

to China International Chamber of Commerce for the Private Sector for their sponsorship, and Contemporary World Publishing House Co., Ltd., a central state cultural enterprise, for the publication distribution. Thanks to their generosity and effort, readers now have the opportunity to read the vivid yet serious and interesting yet enlightened biographies of outstanding people from many nations.

Confucius said, "Benevolence is the characteristic element of humanity." Let the brilliant ideas of the wise men of all nations light up our path to explore the future of mankind.

The biographies are written for high ideals. Herein is the introduction.

President of the Chinese Biographical Literature Society
Director of the Editorial Board of
"The Legend of the People along the Belt and Road"
Dr. Wang Li
March 30, 2019

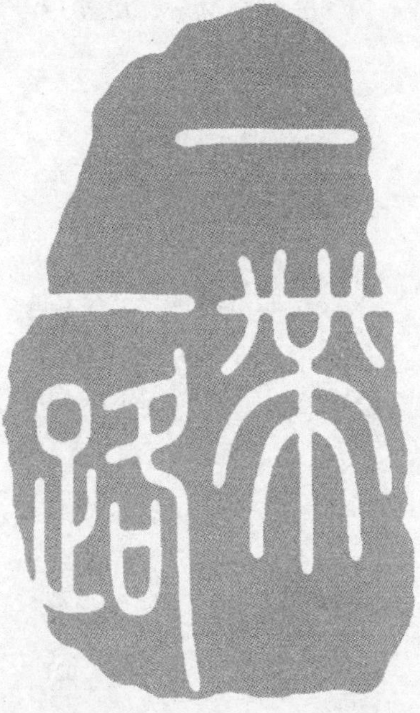

致中国读者的一封信

亲爱的中国读者：

呈现在您面前的，是一本讲述白俄罗斯杰出人物、讲述这个美好的欧洲国家的书。这是在中国出版的第一本关于白俄罗斯人物故事的书，别具特色。白俄罗斯为人知晓，固然是由于她的美景、自然、历史事件和当代建筑，但使她闻名，最主要的，还是她的人民，是那些杰出的白俄罗斯人，他们不仅在本国历史上，而且在世界历史上留下了自己的印记。白俄罗斯人民为他们深感自豪，每个白俄罗斯人身上，或多或少都会有他们的影子。

呈现在您面前的，是一本因内容丰富而引人入胜的书。书中收入这样一些白俄罗斯名人的故事：印刷业的奠基人弗朗齐斯科·斯科林纳，作家和诗人雅库布·科拉斯、扬卡·库帕拉、马克西姆·博格达诺维奇和斯维特兰娜·阿列克西耶维奇，画家马克·夏加尔和米哈伊尔·萨维茨基，芭蕾舞编导瓦连京·叶利扎利耶夫，政治家亚历山大·卢卡申科和彼得·马谢罗夫。从这份名单中，我们可以看到白俄罗斯人最夺目的才能，他们施展的领域是文学、绘画、芭蕾和政治。

呈现在您面前的，是一本有胆识的书。因为，要从大量白俄罗斯优秀人物当中选出十位来介绍是件很困难的事情。但是，每当有人问起白俄罗斯有哪些杰出人物的时候，书中的这些名字往往被首先提及。我相信，这本书只是个开始。书中的名单，毫无疑问可以继续延长，增添上学者、运动员、宇航员、音乐家和其他行业的享誉国内外的白俄罗斯人的名字。

呈现在您面前的这本书，有关于在中国最负盛名的一位白俄罗斯人事迹的篇章。几乎每个中国人都知道白俄罗斯共和国首位总统亚历山大·卢卡申科。就像中国人说的那样，他是一位老朋友，中国人民的老朋友。在中国，他是作为一个真诚的人、一位有原则的政治家、家人和全体白俄罗斯人民慈爱的父亲而广为人知。白俄罗斯总统卢卡申科是中国国家主席习近平的亲密朋友，正因如此，中国读者会更有兴趣去了解这位白俄罗斯领导人经历中的细节，理解大家对他如此热情的原因。

呈现在您面前的这本书，也包含着在中国最有名的一位白俄罗斯作家的故事。她就是2015年诺贝尔文学奖获得者斯维特兰娜·阿列克西耶维奇。令人欣慰的是，在北京的书店里，可以看到印有这位白俄罗斯女作家肖像的海报，许多中国人熟悉她的著作。她凭借其坦诚的作品，尤其是描写"苏联人"悲剧的新作《二手时代》享誉中国。她书中那些目击者、那些亲历过战争和其他悲剧痛苦的人们讲述的故事为她赢得中国读者的兴趣、尊重和信任。我想，这位非凡女作家的传记也会吸引读者。

呈现在您面前的，是一本鲜活的书。很多白俄罗斯杰出人物的故事还没有结束。他们在继续工作着、创造着，继续为白俄罗斯和世界历史的发展做出自己的贡献。我是由于工作关系才得以有幸认识卢卡申科和阿列克西耶维奇的，所以，我由衷地羡慕那些第一次通过阅读这本书就能了解这些名人成长过程的中国读者。关于这本书里的其他主人公，中国读者可能听说过，也可能此前并不知道他们是白俄罗斯人。主要的是，书里所介绍的这些白俄罗斯杰出人物，在某种程度上都是白俄罗斯人民、他们的历史和民族的现代象征。正是这些人，在共同勾勒着一幅全景图卷，为深刻理解白俄罗斯和白俄罗斯人提供清晰的观照。

呈现在您面前的，是一本正当其时的书。我希望，通过这本书、通过阅读白俄罗斯杰出人物故事所做的"神游"会推动越来越多的中国朋友去发现白俄罗斯：访问这个美丽的国家，接触热情好客的白俄罗斯人民，体验独特的、令人难忘的白俄罗斯风情。

亲爱的读者，祝愿您从这本书里，在认识和了解白俄罗斯、白俄罗斯人的过程当中，收获新的印象。也祝愿本书的编撰者取得新的成就：我相信，白俄罗斯人的故事是值得发展成为系列丛书的。

致以最良好的祝愿。

白俄罗斯共和国驻中华人民共和国特命全权大使

基里尔·鲁德

2018年2月于北京

（贝文力 译）

目 录

引 言   **001**

Chapter 01 白俄罗斯第一任总统 ——亚历山大·卢卡申科   **027**

01 带有泥土芳香的民本总统   **030**
02 特立独行的政治家   **034**
03 实行白俄罗斯发展模式   **039**
04 坚持务实为本的外交政策   **042**
05 视中国为最信赖的伙伴   **045**

Chapter 02 苏联时期白俄罗斯的最高领导人 ——彼得·马谢罗夫   **051**

01 优秀的中学教师   **054**
02 卫国战争中的"苏联英雄"   **056**
03 夙夜在公的共青团领导人   **060**
04 在白俄罗斯最高领导岗位上   **063**
05 致命的车祸   **072**

Chapter 03

白俄罗斯早期文化的杰出代表
——弗朗齐斯科·斯科林纳　077

01 白俄罗斯文化的杰出代表　081
02 坎坷的人生经历　084
03 生活在文艺复兴的时代　089
04 人文主义者的宗教情怀　094

Chapter 04

人民诗人
——扬卡·库帕拉　101

01 理想的种子在磨难中萌芽　105
02 时代斗争中的人民诗人　109
03 白俄罗斯文学史上的创新型诗人　113

Chapter 05

诗人、作家和思想家
——雅库布·科拉斯　127

01 童年的书包里总放着普希金诗集　131
02 铁窗关不住的诗情　133
03 从革命军人到人民诗人　135
04 白俄罗斯文学的奠基人之一　138

Chapter 06 天才诗人
——马克西姆·博格达诺维奇　155

01 奶奶和父母亲的深刻影响　158
02 短暂而辉煌的文学创作生涯　162
03 创作遗产的命运和影响　169

Chapter 07 灵感的源泉是故乡
——马克·夏加尔　175

01 追求艺术与爱的一生　178
02 艺术巨匠的创作　184
03 灵感的源泉是故乡　191

Chapter 08 "英雄"艺术家
——米哈伊尔·萨维茨基　193

01 家乡和家庭的影响　196
02 身陷法西斯集中营　199
03 踏上美术之路　207
04 丰硕的创作果实　216

Chapter 09 诺贝尔文学奖得主
——斯维特兰娜·阿列克西耶维奇 225

01 一个善于观察和记录生活的女孩 229
02 走上自由创作的文学之路 234
03 开辟非虚构文学的广阔空间 239
04 阿列克西耶维奇与中国 248

Chapter 10 白俄罗斯芭蕾舞的象征
——瓦连京·叶利扎利耶夫 251

01 从小学习芭蕾 254
02 白俄罗斯最年轻的芭蕾舞导演 257
03 每天都在创新的芭蕾大师 262
04 芭蕾艺术的光明未来 266

编者附记 271
后　记 273

Contents

Preface / 001

The First President of Belarus — Alexander Lukashenko / 027
The Supreme Leader of Belarus during the Soviet Era — Pyotr Masherov / 051
An Outstanding Representative of Early Belorussian Culture — Francysk Skaryna / 077
A Poet of People — Yanka Kupala / 101
A Poet, Writer and Thinker — Yakub Kolas / 127
A Born Poet — Maksim Bagdanovich / 155
Hometown: The Sources of Inspiration — Marc Chagall and his Works / 175
Heroic Artist — Mikhail Savitsky / 193
The Winner of Nobel Prize in Literature — Svetlana Alexievich / 225
The Symbol of Belarus Ballet — Valentin Yelizalyev / 251

Afterword / 273

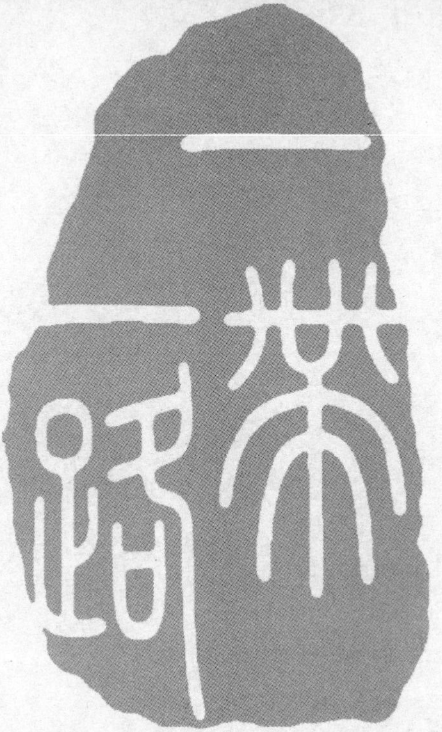

引 言

白俄罗斯，全称白俄罗斯共和国（白俄罗斯语：РэспублікаБеларусь，英语：The Republic of Belarus），位于欧洲腹地，欧洲地理中心的标记就坐落在白俄罗斯古城波洛茨克。白俄罗斯是东欧平原的内陆国家，东北部与俄罗斯联邦为邻，南与乌克兰接壤，西同波兰相连，西北部与立陶宛和拉脱维亚毗邻。首都明斯克。白俄罗斯是苏联原加盟共和国，1991年8月25日宣布独立，1991年12月19日改为"白俄罗斯共和国"，简称为"白俄罗斯"。白俄罗斯领土面积20.76万平方千米，人口932.7万（2017年），领土和人口在欧洲都属于中等国家。

01
白俄罗斯有着复杂而光荣的民族历史

白俄罗斯是一个古老的民族。公元前7到4世纪，斯拉夫人开始进入白俄罗斯这片土地。有3个部族，即克里维奇、德列戈维奇和拉季米奇部落组成东斯拉夫部落联盟，他们被认为是白俄罗斯人的祖先。

公元882年，基辅罗斯建立，白俄罗斯这片土地被占领和并入。

11世纪末至12世纪初，基辅罗斯分裂。波洛茨克公国、明斯克公国、扎斯拉夫尔公国等获得独立。

14世纪初，立陶宛大公国崛起。14—16世纪，白俄罗斯这片土地归属立陶宛大公国。由于立陶宛的统治比较宽松，白俄罗斯民族逐渐形成，民族语言和文化也逐步形成和发展。

16世纪中叶，莫斯科公国崛起。立陶宛单独打不过俄罗斯，就在1569年和波兰联合成立立陶宛和波兰王国，抗御沙俄。1569—1795年，白俄罗斯在这个版图中生存达226年。

18世纪初，立陶宛和波兰王国衰落。1772—1795年，波兰三次被俄罗斯、奥地利和普鲁士瓜分，白俄罗斯东部、中部、西部先后被并入俄国。1772—1917年白俄罗斯受俄国统治达145年。

1917年十月革命后，德军在1918年3月直逼彼得格勒，苏维埃俄罗斯为保存实力，与德国签署《布列斯特和约》。根据此条约，白俄罗斯大部分地区被德占领。但是很快德国便被打败，苏维埃俄罗斯又收复失地。但和平却没有到来，因为波兰仍想收复白俄罗斯西部领土，就是格罗德诺和布列斯特。1919—1921年俄波进行战争，1921年3月，苏俄与波兰签署《里加条约》，西白俄罗斯和西乌克兰划归波兰。

1922年12月30日，苏联成立，白俄罗斯加入苏联。

1939年9月，德国对波兰入侵两周后，苏联红军将西白俄罗斯和西乌克兰置于苏联保护之下。白俄罗斯和波兰的边界从"斯大林防线"推进到布列斯特。

1945年2月，罗斯福、丘吉尔和斯大林三巨头分别代表美国、英国和苏联在雅尔塔举行会议，确认白俄罗斯边界和领土。

白俄罗斯作为独立的国家成为联合国创始国之一。但实际上白俄罗斯并非真正独立国家，只是苏联的一个加盟共和国而已。

这种状况一直延续到1991年12月。12月8日，正是在被称为"欧洲之肺"的白俄罗斯别洛韦日森林的国家宾馆，"东斯拉夫三巨头"——俄罗斯总统叶利钦、乌克兰总统克拉夫丘克、白俄罗斯最高苏维埃主席舒什克维奇签署了关于苏联解体、成立独立国家联合体（简称独联体）的协议，从此白俄罗斯才真正获得独立。

02
白俄罗斯为何姓"白"呢？

据白俄罗斯历史书籍记载，白俄罗斯的"白"有多种解释：第一种解释是这片土地美丽，古时候人们认为它是自由、独立、美丽和富裕的地方；第二种解释是过去这里绝大多数居民爱穿漂白的亚麻布服装，喜欢用白布绑腿；第三种解释是"白"象征着纯洁、善良和快乐，这里的居民崇尚纯洁；第四种说法是这里没有遭受鞑靼蒙古人的蹂躏，居民的头发大多是浅色的，眼睛也是浅色的，比俄罗斯人和乌克兰人保留了更纯的古斯拉夫人血统和特点；第五种解释是，从宗教角度来说，"白俄罗斯"是指与多神教不同，这里信奉的基督教是纯洁的宗教。与"黑俄罗斯"（乌克兰）相比，白俄罗斯更早接受基督教，所以这里的地名叫做"白俄罗斯"。

一般认为，历史上最早称呼"白俄罗斯"的是14世纪的普·祖汉维尔特，他把立陶宛大公国的相当一部分领土称为"白俄罗斯"。与此同时，波兰历史学家雅·切尔恩科夫斯基也把白俄罗斯的古城波洛茨克称为"白俄罗斯的堡垒"。彼得·奇格里诺夫在《白俄罗斯历史》中写道，从17世纪至18世纪中叶，白俄罗斯的称呼由于该领土被立陶宛大公国管辖而固定下来。在历史文献中，整个白俄罗斯东部被称为"白俄罗斯"。而到19世纪末，整个白俄罗斯都使用此名称了。

03
白俄罗斯的国旗、国徽和国歌

白俄罗斯国旗呈长方形，长宽之比为2∶1。旗面上半部为红色宽条，表示击败侵略者的白俄罗斯军团之旗帜，象征光荣的过去；旗面下半部为绿色窄条，代表森林与田地，象征欣欣向荣的大地与未来的希望；旗面左侧为具有民族特色的红白花纹竖条，代表民族的传统文化、精神延续和人民团结一致。

白俄罗斯国徽的正中心是白俄罗斯版图，叠加在金色和呈放射状的太阳光之上。光束的源头是一个太阳图案，但它一半的部分被一个更大的地球图案遮掩。这个地球图案同样只有一半，以紫色和蓝色分别显示部分欧亚大陆及水域。国徽左右两侧被衬托上鲜花和小麦秸秆，左方的鲜花是三叶草属植物；右方则是亚麻花。萦绕着两边小麦秸秆的是一道长长的彩带，彩带和白俄罗斯国旗一样以红、绿水平相间；彩带正中部分以白俄罗斯文写上"白俄罗斯共和国"（白俄罗斯文：РэспублікаБеларусь）的字样，字体呈金黄色。国徽顶头正上方是一颗红色五角星。

有关规范白俄罗斯国徽在设计和使用方面的法律,是2004年7月5日通过的。新的国徽借鉴了从前白俄罗斯苏维埃社会主义共和国国徽的样式。两者主要差异是:苏联时代的国徽包含锤子与镰刀和纯红色丝带等代表共产主义的象征,而现时国徽就没有这些要素。

由米高·克利莫维奇作词、尼斯达·沙卡努斯基作曲的《我们白俄罗斯人》是白俄罗斯国歌。该歌曲保留了苏联时期的大致样式,只在原基础上作了部分修改。

04
白俄罗斯的"国家名片"——野牛、白鹳和湖泊

野牛和白鹳是白俄罗斯的"国家名片"。别洛韦日国家森林公园及其野牛在欧洲和世界享有盛名。这片森林绵延于白俄罗斯西部和波兰东部,占地约1250平方千米,是欧洲保存下来的最大原始混合林区之一。林区内有典型的、种类繁多的动植物群,有珍稀的欧洲最大动物——野牛。强壮的野牛体长3.5米,高2米,重1000千克,寿命为25–30年。1914年曾多达700头,但在两次世界大战期间几乎被猎杀殆尽。1946年白俄罗斯从波兰运进5头繁殖,现已有300多头。1978—1979年联合国教科文组织把别洛韦日自然保

护区列入第一批世界自然遗产名录。

20世纪50年代，在森林公园中心建成名为"维斯库利"的苏联国家领导人官邸。赫鲁晓夫、勃列日涅夫等领导人经常来此地打猎。现在，"维斯库利"是白俄罗斯总统的别墅，同时被辟为关于苏联解体的博物馆。

白鹳是白俄罗斯的另一张"名片"。自春至秋，在白俄罗斯广袤的田野上，到处都能见到独自行走或成群栖息的白鹳。它们特别喜欢在浅水处或沼泽地活动，为食肉动物，其食性广，包括昆虫鱼类、两栖类、爬行类、小型哺乳动物和小鸟。白鹳特别喜欢在树梢、水塔和烟囱上筑窝，老远望去，宛如一道道美丽的风景线。

众多的湖泊也是白俄罗斯的一大特点。白俄罗斯全境大小河流2万多条，总长9.06万千米。主要河流有第聂伯河、普里皮亚季河、西德维纳河、涅曼河、别列津纳河和索日河，其中6条河的长度均超过500千米。众多的河流和沼泽为湖泊的形成提供了良好条件。白俄罗斯拥有1万多个湖泊，总面积为2000多平方千米，其中最大的纳拉奇湖面积为79.6平方千米。因此，白俄罗斯素有"万湖之国"之美誉。

05
总统制和市场社会主义

自1994年7月以来，白俄罗斯实行总统议会制。亚历山大·卢卡申科以80%的高票当选白俄罗斯第一任总统。2015年10月12日卢卡申科又以83.49%的得票率当选白俄罗斯第5届总统，任期5年。

白俄罗斯议会全称为白俄罗斯共和国国民会议，是白俄罗斯国家最高立法机构，由共和国院（上院）和代表院（下院）组成。上院由64名代表组成，其中56名由全国6州1市（明斯克）的地方议会以无记名投票方式选举产生，其余8名由总统任命。下院由110名代表组成，以无记名投票方式直接普选产生。议会每届任期4年。

白俄罗斯独立初期，仿效俄罗斯实行"休克疗法"和"自由市场经济"，但是效果不好，经济危机日益严重。卢卡申科执政后，开始推行循序渐进、面向社会和由国家控制的市场经济改革，建立"市场社会主义"。卢卡申科执政头10年，白俄罗斯经济保持7%的增长率。白俄罗斯在独联体国家中最早恢复到苏联解体之前的经济水平，人均收入也高于大多数独联体国家。2010年12月，职工人均月工资达到约500美元。

然而，由于受国际金融危机影响等，2009—2016年白俄罗斯经济比较低迷。7年间国民生产总值年均仅增长1.6%，其中2015年和2016年为负增长。2016年国内生产总值约474.33亿美元，虽比1990年增长70%，但是比2014年下降6%。

白俄罗斯政府采取了一系列应对措施，并取得积极成效。随着世界经济逐步复苏，2017年白俄罗斯经济也开始回暖，增长2%。不过，鉴于经济结构不够合理、投资不足、债务过高等因素，今后一个时期白俄罗斯经济很可能呈现低速增长的态势。

06
奉行务实为基础的多元外交政策

卢卡申科总统奉行务实灵活的外交战略，其根本目标是维护国家独立安全、促进经济发展和保障社会稳定。白俄罗斯的对外政策以俄罗斯为重心、以欧亚经济联盟和独联体其他国家为重点，扩大与中国、印度、委内瑞拉等发展中国家的合作，并改善与欧盟的关系。务实经济外交的特点十分明显。

白俄罗斯地缘位置重要，东北与俄罗斯接壤，南部与乌克兰为界，西与波兰相接，西北与立陶宛和拉脱维亚为邻。冷战结束后，北约不断东扩，围堵俄罗斯，白俄罗斯在面对北约东扩压力的同时，也成为北约与俄罗斯之间唯一的缓冲国。白俄罗斯在政治和军事上与俄罗斯结盟，是俄罗斯主导的欧亚经济联盟、集体安全条约组织成员国。在经济上，白俄罗斯高度依赖俄罗斯，95%以上的能源、75%的原材料来自俄罗斯，84%的商品销往俄罗斯，与俄罗斯的贸易占白俄罗斯对外贸易的半壁江山。

2013年底乌克兰危机爆发后，西方对俄罗斯实行经济制裁，俄罗斯经济危机对白俄罗斯经济造成严重冲击。卢卡申科开始调整外交政策，主张"东西方平衡外交"，强调发展与欧盟的关系是其外交优先方向，恢复与欧美高层领导接触，积极参加欧盟的"东部伙伴关系"计划，并在乌克兰危机中把明斯克提供为多方会谈的平台。为此，白俄罗斯与西方关系出现缓和。2015年欧盟取消了对包括卢卡申科在内的多名白俄罗斯政要的政治制裁。白俄罗斯获得国际货币基金组织30亿美元贷款。

07
积极参与"一带一路"建设

卢卡申科对华友好，高度重视同中国发展关系，已六次访华。他称中国是白俄罗斯最好的朋友，白俄罗斯也是中国最值得信赖的伙伴。2005年12月，胡锦涛主席与卢卡申科总统共同宣布中白关系进入"全面发展和战略合作的新阶段"。2013年两国建立了全面战略伙伴关系。2016年9月，中白决定建立相互信任、合作共赢的中白全面战略伙伴关系，发展双方全天候友谊，携手打造利益共同体和命运共同体。

近年来，中白经贸合作发展迅速。2015年两国贸易额达到27亿美元。投资和技术合作成为两国经贸合作的新增长点，在交通、物流、金融、通信等领域开展了广泛深入的合作。到2016年，中国对白投资已超过4亿美元，在白的中资企业增至191家。

2013年习近平主席提出共建"一带一路"倡议后，白俄罗斯立即响应，与中国签订了共建"一带一路"合作协议。卢卡申科表示，"一带一路"是一个具有历史意义的倡议，将为世界经济创造新的增长点。2015年8月31日，卢卡申科颁布《关于发展白俄罗斯共和国与中华人民共和国双边关系》第5号总统令。这是白俄罗斯独立至今就与某个国家发展双边关系颁布的唯一一份总统令，要求以白俄罗斯参加建设"丝绸之路经济带"和"21世纪海上丝绸之路"构想为出发点，更新和协调白俄罗斯业已通过的促进交通、物流、通信、海关基础设施现代化的国家计划。作为重大举措之一，白俄罗斯大力支持中白"巨石"工业园建设，规定入园企业自盈利之年开始算起，前10年免税优惠，第二个10年政府仅收取一半的必要税费。中白工业园位于明斯克以东约25千米处，总面积91.5平方千米，相当于整个明斯克市的三分之一。2014年，中白"巨石"工业园正式启动。2016年底，3.5平方千米的"七通一平"起步区已基本建成，2017年基本完成8.5平方千米一期工程建设。目前签约入驻的已有中国石化、中兴、华为、招商局物流集团、中国一拖、中联重科、成都新筑、聚馨科技、白俄纳米果胶等8家企业。中白共同努力，旨在把中白工业园打造成为"一带一路"上的一颗耀眼明珠。

08
悠久文化孕育众多杰出人物

在1000余年的文明发展史上，白俄罗斯人杰地灵，英才辈出。这与白俄罗斯地处欧洲中央、连接俄罗斯和西方国家的地理位置和地缘政治环境有着密切联系。白俄罗斯认为自己是纯粹的欧洲国家，结合了东方和西方发展的优秀文化成果，具有鲜明的特点。作为对白俄罗斯璀璨文化一部分的呈现，《"一带一路"列国人物传系·白俄罗斯名人传》介绍了现任白俄罗斯总统卢卡申科、苏联时期担任白俄罗斯最高领导人15年之久的彼得·马谢罗夫、白俄罗斯早期文化杰出代表弗朗齐斯科·斯科林纳、人民诗人扬卡·库帕拉、善于用白俄罗斯文撰写的作家和思想家雅库布·科拉斯、天才诗人马克西姆·博格达诺维奇、出生于维杰布斯克的20世纪最伟大的艺术家之一马克·夏加尔、"英雄"艺术家米哈伊尔·萨维茨基、诺贝尔文学奖得主斯维特兰娜·阿列克西耶维奇和白俄罗斯芭蕾舞的象征瓦连京·叶利扎利耶夫。他们从不同侧面反映了白俄罗斯文明的发展过程，成为呈现"一带一路"沿线国家多姿多彩文化和精神风貌的一个组成部分。

作者　王宪举
国务院发展研究中心欧亚社会发展研究所研究员
中国人民大学－圣彼得堡国立大学俄罗斯研究中心副主任
2019年3月，写于昆明

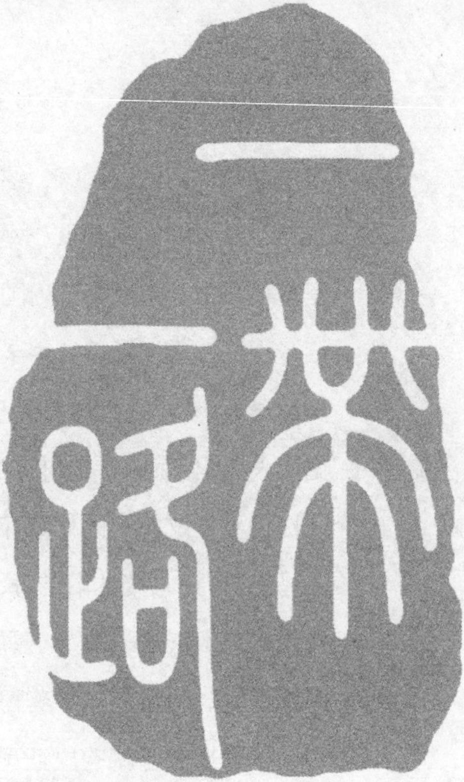

Preface

Belarus, or White Russia, officially called the Republic of Belarus (in Belarusian, РэспублікаБеларусь), is situated in the hinterland of Europe. The landmark of the Geographic Center of Europe is located in Polotsk, an ancient city of Belarus. Belarus is a landlocked country in the plains of Eastern Europe. It is bordered by Russia to the northeast, Ukraine to the south, Poland to the west, and Lithuania and Latvia to the northwest. Its capital city is Minsk. Belarus was a constituent republic of the Soviet Union. It declared independence on August 25, 1991, and changed its name to the Republic of Belarus, abbreviated as "Belarus". The territory of Belarus occupies 207,600 square kilometers, and its population is 9.327 millions (in year 2017). Both its territory area and population are mid-sized in Europe.

01 Belarus, a nation with complicated and glorious history

Belarus is an ancient nation. In the 7th to 4th centuries BC, the Slavs began to settle on the land of Belarus. There were three tribes - the Krivichs, Dregovichs and Radimichs that formed the Eastern Slavic Tribal Union. These three tribes are considered to be the ancestors of the Belarusians.

In 882 AD, Kievan Rus was established and the land of Belarus was occupied and annexed.

From the end of the 11th century to the beginning of the 12th century, Kievan Rus split. The Principality of Polotsk, the Principality of Minsk, and the Principality of Zaslavl, etc. gained independence.

In the beginning of the 14th century, the Grand Duchy of Lithuania rose. From the 14th to the 16th centuries, the land of Belarus belonged to the Grand Duchy of Lithuania. As Lithuania's rule was relatively loose, the Belarusian nation had gradually formed, and the national language and culture had developed as well.

The middle of the 16th century saw the rise of the Principality of Moscow. As Lithuania alone could not defeat Russia, it united with Poland to establish the Kingdom of Lithuania and Poland to counter the aggression from Tsarist Russians in 1569. From 1569 to 1795, Belarus survived for 226 years in this territory.

In early 18th century, the Kingdom of Lithuania and Poland began to decline. From 1772 to 1795, Poland was divided into three parts by Russia, Austria and Prussia (Partitions of Poland). The eastern, central and western parts of Belarus were merged into Russia. From 1772 to 1917, Belarus had been ruled by Russia for 145 years.

After the October Revolution of 1917, the German troops threatened Petrograd with invasion in March 1918. To preserve its strength, Soviet Russia signed "The Treaty of Brest-Litovsk" with Germany. According to this treaty, most of Belarus was occupied by Germany. But soon Germany was defeated and Soviet Russia regained its lost ground. However, peace did not come, because Poland still wanted to recover the western territory of Belarus, which was Grodno and Brest. From 1919 to 1921, the Polish–Soviet War was fought. In March 1921, Soviet Russia and Poland signed the "Treaty of Riga", and western Belarus and western Ukraine were placed under Poland.

On December 30, 1922, the Soviet Union was founded and Belarus joined the Soviet Union.

In September 1939, two weeks after Germany's invasion of Poland, the Soviet Red Army placed western Belarus and western Ukraine under Soviet Union's protection. The border between Belarus and Poland advanced from the "Stalin Defense Line" to Brest.

In February 1945, Roosevelt, Churchill and Stalin, representing the United States, Britain and the Soviet Union, held meetings at Yalta in Crimea and confirmed the Belarusian border and territory.

As an independent country, Belarus became one of the founding members of the United Nations. But in reality Belarus was not a truly independent country. It was only a republic of the Soviet Union.

This situation had continued until December 1991. On December 8th, it was in the state guest house of the Bialowieza Forest in Belarus, known as the "Lung of Europe", "The Big Three of the Eastern Slavs" - Russian President Boris Yeltsin, Ukrainian President Kravchuk, and President of the Supreme Soviet of Belarus Shushkevich signed an agreement on the disintegration of the Soviet Union and the establishment of the Commonwealth of Independent States (CIS), and Belarus has since truly gained independence.

02 Why is Belarus called "White Russia"?

According to Belarusian history books, the "white" part in Belarus has many explanations: The first explanation is that this land is so beautiful. In ancient times, people thought it was a place of freedom, independence, beauty and prosperity. The second explanation is that most of its residents used to love bleached linen clothing and like leggings with white cloth.

The third explanation is that "white" symbolizes purity, kindness and happiness, and the residents admire purity. The fourth is that Belarusians were never ravaged by the Mongolians, and the residents' hair is mostly light-colored, and the eyes too, retaining the purer Gusla lineage and characteristics than the Russians and Ukrainians. The fifth explanation is that, from a religious point of view, "Belarus" means that unlike polytheism, Christianity here is a pure religion." Compared with "Black Russia" (Ukraine), Belarus accepts Christianity earlier, so the place name here is called "Belarus."

It is generally believed that the earliest name in history called "Belarus" was by Pu Zhuanweirt in the 14th century, who referred to a considerable part of the territory of the Grand Duchy of Lithuania as "Belarus." At the same time, Polish historian Ya Chernkovski also referred to the ancient city of Polotsk in Belarus as "the fortress of Belarus." Pyotr Chigrinov wrote in the book of the History of Belarus that from the 17th to the mid-18th century, the name of Belarus was established as the territory was under the jurisdiction of the Grand Duchy of Lithuania. In the historical literature, the entire eastern part of Belarus is called "Belarus." By the end of the 19th century, the name was used throughout Belarus.

03 The Belarusian flag, national emblem and national anthem

The Belarusian flag is rectangular with a ratio of length to width of two to one. The upper half of the flag is a wide red strip, indicating the flag of the Belarusian legion that defeats the aggressor, symbolizing the glorious past; the lower half of the flag is a narrow green strip, representing the forest and the field, symbolizing the thriving land and hope of the future. On the left side is a red and white vertical bar of national characteristics, representing the traditional culture of the nation, the continuation of the spirit and the unity of the people.

In the center of the emblem sits a green outline of Belarus, superimposed over the rays of a golden sun. Half of the sun is covered by a larger globe pattern with the landmass (part of Eurasia) in purple and waters in blue. Lining the left and right sides of the emblem are stalks of wheat and flowers. Clovers adorn the left wheat stalks; flax flowers adorn the right. Wrapped around the wheat stalks is a red and green ribbon bearing the colors of the flag of Belarus. In the middle of the ribbon, the name Republic of Belarus (Рэспубліка Беларусь) is inscribed in gold in the Belarusian language. At the top of the emblem lies a five-pointed red star.

The law governing the design and use of the Belarusian national emblem was passed on July 5, 2004. The new national emblem draws on the style of the national emblem of the former Byelorussian Soviet Socialist Republic. The main difference between the two is that the national emblem of the Soviet era contained hammers, sickles and pure red ribbons, representing the symbol of communism, and the current national emblem does not have these elements.

"We Belarusian" written by Mikhas Klimkovich and composed by Niescier Sakalouski is the national anthem of Belarus. The song retains the general style of the Soviet era and has only been partially modified on the original basis.

04 The Belarusian "name card" – bison, white stork and lakes

Bison and white stork are the "national name cards" of Belarus. The Bialowieza Forest and its bison are well known in Europe and the world.

This forest stretches over western Belarus and eastern Poland and covers an area of about 1,250 square kilometers. It is one of the largest mixed forest areas preserved in Europe. There are a wide variety of flora and fauna in the forest area, and rare European animals such as the bison as well. The strong bison has a body length of 3.5 meters, a height of two meters, a weight of 1000 kilograms and a life span of 25-30 years. There were as many as 700 in 1914, but they were almost hunted to extinction during the two world wars. In 1946, Belarus transported five heads from Poland to reproduce and now has more than 300 heads. From 1978 to 1979, the Bialowieza Forest was designated by UNESCO as one of the first World Natural Heritage sites.

In the 1950s, the official residence of the Soviet state leaders named "Viskuli" was established in the center of the forest park. Leaders such as Khrushchev and Brezhnev often came here to hunt. Nowadays, "Viskuli" is the villa of the President of Belarus, and at the same time it has been turned into a museum about the disintegration of the Soviet Union.

White stork is another "name card" of Belarus. From spring to autumn, in the vast fields of Belarus, white storks are widely seen walking alone or in herd. They are particularly active in shallow waters or marshes. They are carnivores and have a wide range of food choices, including insect fish, amphibians, reptiles, small mammals and small birds. White stork especially likes to build a nest on the treetops, water towers and chimneys; seen from far away, the wonderful scenery stretches out endlessly.

Numerous lakes are also a major feature of Belarus. There are more than 20,000 rivers, large and small, in the whole territory of Belarus, with a total length of 90,600 kilometers. The main rivers are the Dnieper River, the Pripyat River, the West Dvina River, the Neman River, the

Berezina River and the Sozh River. Each of those major 6 rivers is more than 500 kilometers in length. Countless rivers and swamps provide good conditions for the formation of lakes. Belarus has more than 10,000 lakes with a total area of more than 2,000 square kilometers, of which the largest lake Narach Lake is 79.6 square kilometers. Belarus is hence known as the "Country of Thousands of Lakes".

05 The presidential system and market socialism

Since July 1994, Belarus has implemented the presidential parliamentary system. Alexander Lukashenko was elected the first president of Belarus by receiving as high as 80% of the vote. On October 12, 2015, Lukashenko was elected as the fifth president of Belarus with 83.49% of the vote for a term of five years.

The Belarusian parliament is called the National Assembly of the Republic of Belarus and is the highest legislative body of Belarus. It consists of Council of the Republic (the upper house) and House of the Representatives (the lower house). The upper house consists of 64 representatives, 56 of whom are elected by the local council of six states and one city (Minsk) by secret ballot, and the remaining eight are appointed by the president. The lower house is composed of 110 representatives and is directly elected by anonymous universal ballot. The term of the parliament is four years.

In the early days of its independence, Balarus followed the example of "shock therapy" and "free market economy" in Russia, but the effect was not good and the economic crisis was getting worse. After Lukashenko took office, he began to implement a gradual, socially oriented and state-controlled market economic reform and establish "market socialism." In the first 10 years of Lukashenko's administration, the Belarusian economy maintained a growth rate of 7%. In the CIS countries, Belarus first recovered to the economic level before the collapse of the Soviet Union, and its per capita income was higher than that of most CIS countries. In December 2010, the average monthly salary of employees reached approximately US$500.

However, due to the impact of the international financial crisis in 2008, the Belarusian economy was relatively depressed in 2009-2016. In those seven years, the gross national product had only increased by average 1.6% annually, with a negative growth in both 2015 and 2016. In 2016, its gross domestic product was about 47.433 billion US dollars, although it was 70% higher than that in 1990, but still 6% lower than that in 2014.

The Belarusian government has taken a series of response measures and achieved positive results. With the gradual recovery of the world economy, the Belarusian economy has also begun to pick up in 2017, growing by 2%. However, given the unsound economic structure, insufficient investment, and high debt, the Belarusian economy is likely to show a slow growth in the coming years.

06 A pluralistic foreign policy based on pragmatism

President Lukashenko pursues a pragmatic and flexible diplomatic strategy whose fundamental goal is to safeguard national independence and security, promote economic development and maintain social stability. Belarus' foreign policy is focused on Russia, with an emphasis on the Eurasian Economic Union and other countries in the Commonwealth of Independent States. It also strives for expanding cooperation with developing countries such as China, India and

Venezuela and improving relationship with the EU. It has a distinctive feature of pragmatic economic diplomacy.

Belarus is geographically important, bordering Russia in the northeast, Ukraine in the south, Poland in the west, and Lithuania and Latvia in the northwest. After the end of the Cold War, NATO continued to expand eastward and contain Russia. Belarus faced the pressure of NATO's eastward expansion and became the only buffer between NATO and Russia. Belarus is politically and militarily aligned with Russia and a member of the Russian-led Eurasian Economic Union and Collective Security Treaty Organization. Economically, Belarus is highly dependent on Russia. More than 95% of its energy, 75% of its raw materials come from Russia, and 84% of its products are sold to Russia, and its trade with Russia accounts for half of Belarus's foreign trade.

After the outbreak of the Ukrainian crisis at the end of 2013, the West imposed economic sanctions on Russia, and the Russian economic crisis had a serious impact on the Belarusian economy. Lukashenko began to adjust his foreign policy and advocated "balanced diplomacy between the East and the West", emphasizing that developing relationship with the EU is its diplomatic priority, restoring contacts with top European and American leaders, actively participating in the EU's "Eastern Partnership" program, providing Minsk as a platform for multi-party talks during the Ukrainian crisis. As a result, the tension between Belarus and the West has eased. In 2015, the EU lifted political sanctions against a number of Belsarusian politicians, including Lukashenko. And Belarus received a $3 billion loan from the International Monetary Fund.

07 Actively participating in the construction of the "Belt and Road"

Lukashenko is friendly to China and highly emphasized on the importance of developing relationship with China. He has visited China six times. He called China its best friend and Belarus is China's most trusted partner. In December 2005, President Hu Jintao and President Lukashenko jointly announced that China-Belarus relations had entered a "new stage of comprehensive development and strategic cooperation." In 2013, the two countries established a comprehensive strategic partnership. In September 2016, China and Belarus decided to establish a comprehensive strategic partnership of mutual trust and win-win cooperation, develop bilateral all-weather friendship, and work together to build a community of shared interests and shared future.

In recent years, China-Belarus economic and trade cooperation has developed rapidly. In 2015, the trade volume between the two countries reached 2.7 billion US dollars. Investment and technology cooperation has become a new growth point for economic and trade cooperation between the two countries. Extensive and in-depth cooperation has been carried out in the fields of transportation, logistics, finance, and communications. By 2016, China's investment in Belarus has exceeded 400 million US dollars, and the number of Chinese-funded enterprises in Belarus has increased to 191.

After President Xi Jinping proposed the "One Belt, One Road" initiative in 2013, Belarus immediately responded and signed a cooperation agreement with China on the "Belt and Road". Lukashenko said that the "Belt and Road" is an initiative with historic significance that will create new growth points for the world economy. On August 31, 2015, Lukashenko issued Presidential Decree No. 5 on the Development of Bilateral Relations between the Republic of Belarus and the People's Republic of China. This is the only presidential decree issued on the development of bilateral relations with another country since Belarus' independence. It requires Belarus to participate in the construction of the "Silk Road Economic Belt" and the "21st Century Maritime Silk Road" as the starting point for updating and coordinating the already adopted Belarus' national plan to promote the modernization of transportation, logistics, communications and customs infrastructure. As one of the major initiatives, Belarus strongly supports the construction of the China-Belarus "Great Stone" Industrial Park. It is stipulated that counting from the profitable year, enterprises entering the park will enjoy tax exemption for the first 10 years. The government will only charge half of the necessary taxes and fees for the second 10 years. The China-Belarus Industrial Park is located about 25 kilometers east of Minsk, with a total area of 91.5 square kilometers, equivalent to one-third of the entire city of Minsk. In 2014, The China-Belarus "Great Stone" Industrial Park was officially launched. At the end of 2016, the 3.5-square-kilometer area of infrastructure with the seven key components (traffic, electricity, water, drainage, telecommunication, cable TV, and land consolidation) was completed. In 2017, the first phase of the 8.5-square-kilometer project was basically completed. At present, there are eight companies including Sinopec, ZTE Corporation, Huawei Technologies, China Merchants Logistics Group, YTO Group Corporation, Zoomlion, Chengdu Xinzhu, Juxin Technologies and Belarus Nano Pectin that already signed the contract and entered into the park. China and Belarus are working together to build the China-Belarus Industrial Park into a dazzling pearl on the "Belt and Road".

08 A long-standing culture of eminent figures

In the history of the development of civilization for more than 1,000 years, the Belarusian people are outstanding and talented. This is closely linked to the geographic location and geopolitical environment where Belarus is situated. Located in the heart of Europe, connecting Russia and the West, Belarus considers itself to be a purely European country, combining the outstanding cultural achievements of the development of the East and the West with distinct characteristics. As a part of the Belarusian culture, the book "Famous Names of Belarus" in the book series "The Legend of the People along the Belt and Road" introduces the current Belarusian President Lukashenko, and Petr Masherov who served as the highest leader of Belarus for 15 years in the Soviet Union, distinguished representative figures of the early culture of Belarus such as Francisk Skorina, people's poet Yanka Kupala, Yakub Kolas, the writer and thinker who is good at writing in Belarus, and genius poet Maksim Bahdanovic. Other eminent figures include Marc Chagall, one of the greatest artists of the 20th century born in Vitebsk, "Hero" artist Mikhail Savitsky, and Nobel Prize winner Svetlana Alexievich, and Valentin Yelizaryev, the symbol of Belarusian ballet. They reflect the development process of Belarusian civilization from different aspects and have become an integral part of the colorful culture and spiritual outlook of the countries along the "Belt and Road".

Author: Wang Xianju
Research Fellow at Eurasian Institute for Social Development,
Development Research Center of the State Council
Deputy Director at Russian Research Center, People's university of
China-St. Petersburg State University
Kunming city, March 2019

Chapter 01

白俄罗斯第一任总统

——亚历山大·卢卡申科

"一带一路"列国人物传系·白俄罗斯名人传

亚历山大·格里戈里耶维奇·卢卡申科（АлександрГригорьевичЛукашенко），白俄罗斯政治家和国务活动家，现任白俄罗斯共和国总统。出生于白俄罗斯莫吉廖夫州什克洛夫区一个普通农民家庭，自幼家境贫寒，通过自身努力先后就读于莫吉廖夫师范学院历史系和农业科学院经济系。早年当过教师，后两度在苏军服役。退役后，他开始从事农业领导工作，从此进入政坛。1993年，卢卡申科出任白俄罗斯最高苏维埃临时反腐败委员会主席，大刀阔斧地开展了反腐败运动。1994年3月，他凭借"反腐功绩"成功当选总统，并连任五届至今。卢卡申科对白俄罗斯国家发展影响巨大，他对内推行白俄罗斯发展模式，对外施行以俄罗斯为重点的多元化外交，白俄罗斯国家不断发展，国际地位明显提高，成为独联体地区鲜有的"稳定港"。卢卡申科拒绝西式民主，他领导的白俄罗斯是保存苏联元素最多的国家，被西方称为"欧洲最后一个独裁者"。但在白俄罗斯国内，他却以清廉的形象、雷厉风行的个性以及骄人的执政成绩受到白俄罗斯人民的爱戴，被称为"老爹"。

01
带有泥土芳香的民本总统

1954年8月30日，卢卡申科出生于白俄罗斯莫吉廖夫州什克洛夫区的一个普通农民家庭，是白俄罗斯族人。卢卡申科自幼家境困难，在他两岁时，他的哥哥不幸夭折，父亲也因过度忧伤而出走，是母亲独自抚养他成人。但他从小刻苦学习，后来考上莫吉廖夫师范学院历史系。1975年从该校毕业后，卢卡申科从事过多种工作：1975年至1977年在苏联西部边防军区任政治处指导员；1977年至1978年在莫吉廖夫市十月区执委会担任指导员；1978年至1980年任什克洛夫市知识协会责任秘书；1980年至1982年任苏军某部政治部副主任。1982年开始从事基层农业领导工作，并为此在农学院经济学专业就读。1982年至1993年期间，卢卡申科历任莫吉廖夫州什克洛夫区"突击手"集体农庄副主席、什克洛夫区"列宁"集体农庄党委书记、什克洛夫区"城里人"国营农场场长。卢卡申科在担任国营农场场长期间，率先进行了农业管理改革，实行自负盈亏，并在农场兴建公路网，干得有声有色，颇有成绩。为此，他曾作为白俄罗斯农村先进代表参加在莫斯科举行的全苏农业改革工作会议,并在会上介绍先进经验,受到与会者一致好评。会后,苏联加盟共和国的农业同行纷纷前往他的农场参观学习。卢卡申科的事迹引起当时苏共中央总书记戈尔巴乔夫的注意,受到其称赞。1990年在白俄罗斯最高苏维埃选举中,卢卡申科因工作成绩突出,被当地选民一致推举为白俄罗斯最高苏维埃人民代表。自此,卢卡申科开始步入白俄罗斯政坛,1991年成为"共产党人为民主"联盟的领导人之一。当选人民代表后,卢卡申科十分活跃,经常深入基层,了解民情,讲话时经常切中时弊,深得民心。

许多当年与卢卡申科共事者回忆道,卢卡申科身上带有泥土的芳香,朴实无华,极富同情心和正义感,爱憎分明,疾恶如仇。正是他的这一工作背景和平民形象,使他后来从事反贪斗争时深得老百姓信任和拥戴。1993年,卢卡申科出任白俄罗斯最高苏维埃临时反腐败委员会主席。上任伊始,他就拿出与贪污腐败现象斗争到底的架势,领导制订了一整套"整顿社会和经济秩序,打击黑手党"的计划,随即展开行动。他明确指出,"在白俄罗斯部长会议中存在一个营私舞弊网"。一年之内卢卡申科就向议会提交了一份贪官污吏的名单,涉及50多名高级官员,其中有两名副总理和几名部长。正是由于他的周密计划和果敢,时任最高苏维埃主席的国家元首舒什克维奇也因"利用公款建造私人别墅"被拉下台。卢卡申科从此声望大增,被民众誉为"反腐斗士",称他是白俄罗斯"唯一敢同权贵对抗的人"。随后卢卡申科审时度势,于1994年7月高举反腐大旗参加总统大选,其顺乎民心的主张使他以80%的高票当选白俄罗斯实行总统制后的首任总统,实现了自己政治生涯的历史性大跨越。执政后,卢卡申科更加重视反腐败斗争,从立法、机制、监督、舆论等方面采取措施加以防范和惩治。"透明国际"的资料显示,白俄罗斯是独联体国家中反腐败情况最好的国家之一。

卢卡申科以身作则,多次表示,反腐败除了需要立法外,首先是领导人必须诚实和清白。最新资料显示,卢卡申科2017年的月工资为2350美元,这在独联体国家领导人中亦属罕见。身为总统,卢卡申科没有一处私人别墅,也从未利用总统职权在家乡大兴土木。他只有在家乡莫吉廖夫州什克洛夫区雷日科维奇村的一处房产,是一幢极其普通的两层砖楼,面积为115.71平方米,还是苏联时期集体农庄分给他的。1997年,为安全起见,他家的小楼四周才被村民自发建起了一道围墙。除国家配备的总统专车外,他自己再无任何其他交通工具。卢卡申科夫人加林娜从不以第一夫人自居,至今仍然生活在老家雷日科维奇村,除了在幼儿园照料孩子外,每天下地干农活,饲养一头奶牛和一群鸡来贴补家用。加林娜很少去明斯克，也没有去过莫斯科，更不曾陪同卢卡申科到世界其他国家访问。这在所有独联体国家第一夫人中是独一无二的。2010年，维基解密网站公布"消息"说，卢卡申科拥有90亿美元资产，是白俄罗斯最富有的人。就此卢卡申科公开对记者表示："你要是给我找到这些钱，那1%归我，99%归你们。要是找到的话，那就多给妇女们一些，男人们少给一些。"

来自基层的卢卡申科始终把为人民服务作为一切工作的出发点。自他担任白俄罗斯总统以来，其政府工作的主要任务之一就是完善社会保障、提高居民的生活水平、消除贫困和防止贫富两极分化、构筑和谐社会。自1991年12月独立以来，白俄罗斯一直十分重视社会保障，城乡居民均享有免费医疗、退休保障等权利，青少年接受免费教育。政府还注重扶助多子女家庭、孤儿、残疾人、老战士等弱势群体，每年用于社会保障的开支占GDP的7%以上。2008年爆发国际金融危机后，白俄罗斯经济下行压力增大，政府为此紧缩财政，但对社会保障开支不仅没有减少，反而增加。卢卡申科多次在经济会议上强调，要抑制通货膨胀，控制物价上涨水平，做好对广大老百姓的生活保障。卢卡申科数次提高职工退休工资，2016年8月1日再次将退休工资提高5%。2016年白俄罗斯平均退休月工资折合144美元，是1995年的 4 倍。同时，卢卡申科还较好地解决了就业问题，目前白俄罗斯的失业率不足 1%，就业人数比例明显高于其他独联体国家和东欧国家。联合国发展计划署 2015 年人类发展指数报告显示，白俄罗斯人类发展指数在全球 175 个国家中居第 52 位，在独联体地区仅次于俄罗斯。

由于政绩显著，卢卡申科在人民群众中享有很高的威望。大多数选民发自内心地拥护卢卡申科，亲切地称他为"老爹"。这也是卢卡申科历经 5 次总统大选，每次都以超过 80% 的得票率胜出的主要原因。

02 特立独行的政治家

卢卡申科怀有强烈的苏联情结。曾是共产党员的卢卡申科坚决反对苏联解体。1991 年 12 月 10 日，在白俄罗斯最高苏维埃就批准苏联解体协定表决时，卢卡申科是唯一投票反对批准《别洛韦日协定》的白俄罗斯最高苏维埃代表。卢卡申科至今认为，白俄罗斯前最高苏维埃主席舒什克维奇伙同俄罗斯和乌克兰前领导人使苏联解体的行为是错误的。他指出，舒什克维奇没有获得授权就在《别洛韦日协定》上签字，从法律上讲该协定是无效的。每年的 11 月 7 日是十月革命纪念日，白俄罗斯至今仍很重视这一纪念日。2011 年 11 月，卢卡申科向全体白俄罗斯人民发表讲话称："历史雄辩地证明，伟大的十月社会主义革命具有巨大的创造力。十月革命改变了白俄罗斯的命运，极大地推动了我国社会和精神的复活，使白俄罗斯人获得了国家独立，建立了高技术的工业、现代化的农业、先进的科学和文化。"

白俄罗斯是独联体地区保留苏联特征最多的国家，不仅保留了苏联时期多种福利待遇制度，而且其经济体制在许多方面沿袭了苏联的经济管理制度。例如，白俄罗斯农业主体仍是集体所有制，虽然农场和集体农庄的名称改为农业生产合作社。农业部门基本上没有进行私有化，仍靠国家计划和行政命令安排农业种植和生产。

在白俄罗斯，处处都能看到苏联的印记。比如，漫步首都明斯克街头，以马克思、恩格斯、社会主义、共产主义、共青团、游击队等命名的街名会不时映入眼帘。一些熟悉的雕像，如列宁、捷尔任斯基以及一些苏联元帅的雕像，依旧矗立在"十月""革命"和"胜利"等广场上，受到人们的尊重。各地方政府大楼前仍矗立着列宁的雕像。老百姓们对苏联的记忆不是憎恨，而是怀念。据民意调查，55% 的白俄罗斯人对苏联解体感到遗憾，占白俄罗斯人口 14.5% 的 65

岁以上的老人尤其如此。

长期的基层工作和多年的政坛历练造就了卢卡申科坚决果断、雷厉风行的工作作风和果敢、鲜明的个性。有一次，在庄稼抢收的紧要关头，卢卡申科乘直升机外出视察，亲自监督收割进程。当发现哪片麦地收割进展缓慢或没有收割，就立即降下飞机，找来相关负责人，勒令他们限期完成任务。到了限定的时间，他再去视察，如发现仍然没有按时完成任务，立即将负责人就地免职。2011年明斯克"十月"地铁站发生爆炸，造成11人死亡，128人受伤。案件发生后，卢卡申科立即召开紧急会议，严令有关部门尽快调查爆炸原因，惩治凶手。一天以后，凶手被捕归案，大快人心。

卢卡申科也是独联体国家中敢于同西方公开叫板的领导人。他历来旗帜鲜明地反对西方干涉白俄罗斯内政，不接受按西方模式进行民主改革的先决条件。他奉行的内政方针政策和治国理念不受西方欢迎，特别是1996年修改白俄罗斯宪法、建立俄白联盟，以及2004年全民公决取消总统任期限制等事件，导致白俄罗斯与西方关系全面恶化。西方国家将白俄罗斯视为"暴政前哨"，将卢卡申科视作欧洲最后一个"独裁者"。

长期以来，西方对白俄罗斯实行政治经济制裁，并以卢卡申科为目标，多次策划推翻其政权的行动。但卢卡申科毫无畏惧，强硬回击，在政治、经济、立法、舆论、外交等方面采取了一系列预防措施。他将名目繁杂的西方基金会和非政府组织视为西方渗透的工具，坚决抵制，先后关闭了在白俄罗斯的美国索罗斯基金会、国际研究和交流协会等多个西方非政府组织，不允许外国政府和机构资助白俄罗斯政党，严防西方间谍在白俄罗斯活动。2006年3月，卢卡申科第三次当选白俄罗斯总统后，美国以选举存在舞弊和侵犯人权为由，对白俄罗斯实施经济制裁。针对美国制裁，卢卡申科在2007年12月30日公开警告说："如果美国驻白俄罗斯大使卡伦·斯图尔特不务正业，将第一个被踢出白俄罗斯。"卢卡申科对待国内反对派也是敢怒敢言，2004年他接受莫斯科一家电视台采访时表示："我会用武器打击那些挑战总统权力的人。"2006年白俄罗斯总统大选前夕，作风硬朗的卢卡申科更是放下狠话："我们会像拧断鸭脖一样对待捣乱分子。"2010年12月20日，总统大选投票结束后仅数小时，反对派称选举有大规模舞弊行为，并以此为由搞示威游行，攻击政府大楼，最终被军警和内务部队驱散。事后，9名反对派候选人中的7人因"寻衅滋事""破坏社会秩序"被逮捕法办。

卢卡申科总统用自己的铁腕为白俄罗斯筑起一道防护墙，抵挡住了西方国家的步步渗透。他坚信，强大的国家政权、完善的社会福利和人民的支持将战胜任何"颜色革命"。在其治下，白俄罗斯顽强抵挡住了西方的"民主"攻势，也未受到其他独联体国家"颜色革命"的影响，保证了国家发展有序平稳。

卢卡申科知识渊博，说话直来直去，口才绝佳。近年来，卢卡申科每年都要举行大型记者招待会，邀请数百名国内外记者参加。在近3个小时的时间里，面对各国记者提出的涉及白俄罗斯内政外交方方面面的问题，卢卡申科娓娓道来，其敏锐的思维、严密的逻辑、理论与实际的紧密结合，让人折服。每年年底发表国情咨文时，卢卡申科总能用通俗的语言讲述咨文主要内容，滔滔不绝地讲3个小时以上。

卢卡申科兴趣广泛，酷爱体育运动，经常参加民间体育活动，与民同乐。卢卡申科喜欢冰球、滑雪和网球。他经常在明斯克体育馆内练习打冰球，是"世界之星联队""总统体育俱乐部队"的成员。2014年1月，卢卡申科与俄罗斯总统普京并肩参加在"大冰宫"冰球场举行的NHL全明星友谊赛，展现了出色的球技。卢卡申科也经常参加滑雪比赛，老百姓经常兴高采烈地去欣赏总统滑雪的风采。他网球技术也不一般，曾与俄罗斯首任总统叶利钦在旅游胜地索契打网球，发球、截击、高吊和正反手抽球的招式颇具专业水准。

03 实行白俄罗斯发展模式

2002年3月,卢卡申科提出白俄罗斯发展模式,强调以民为本、渐进改革、稳中求进,摒弃全盘私有化和"休克疗法",建立强有力的国家政权和可调控的面向社会的市场经济体系。具体来说,政治上强化以总统为核心的垂直领导体系,巩固强有力的国家政权,牢牢掌控国内政局走向,保证社会秩序稳定。经济上奉行"渐进式"经济改革政策,强调国家在经济发展中的作用。

白俄罗斯独立之初,曾像苏联一些加盟共和国一样,选择了西方宪政民主制,将苏维埃社会主义共和国改为议会制共和国,议会在国家政治生活中占据主导地位。1994年7月卢卡申科当选总统以后,发现议会对总统作出的种种有利于经济社会发展的决定干扰太多,因此,他希望改变权力结构。他认为,执行权力机关应该归政府管,立法权力应该归国民会议或者议会管。总统是国家元首,应该是总指挥,平衡各级权力机关,成为权力机关的核心,这是稳定、主权和独立的保证。1996年8月30日,卢卡申科提出扩大总统权力的修宪草案，遭到议会强烈抵制。经过一番政治斗争后，该提案最终在11月24日的全民公决中获得70.45%的选民支持。1996年宪法修正案大大加强了总统权力，减少了议会的权力。之后2004年全民公决取消了宪法中关于总统连任不得超过2届的限制，白俄罗斯最终形成以总统为中心的国家权力体系，总统有权确定全民公决、解散议会、确定各级议会选举、任命政府总理（须经议会下院批准）、任免包括副总理级别以下的政府成员及司法机构和中央选举委员会的领导人，决定政府去留等问题。总统控制一切行政大权，内阁只是执行机构。正是由于这个特点，白俄罗斯政治这么多年一直比较稳定，为本国经济发展创造了良好的政治社会环境。

1991年底白俄罗斯独立后，当权的斯坦尼斯拉夫·舒什克维奇积极效法俄罗斯的"休克疗法"，推行"私有化、自由化、西向化"，国民经济生活陷入混乱之中。1992年白俄罗斯国民生产总值下降9.6%，1993年下降7.6%，到1994年下降幅度达到12.6%。白俄罗斯社会对于国民经济的困难忍受达到极点，大规模的罢工和示威游行给政府造成巨大压力，给社会带来不稳定因素。卢卡申科当选总统后，立即叫停了刚刚开始的价格改革和私有化运动，迅速将经济转型的方向从"自由市场经济"扭转到"市场社会经济"。次年，白俄罗斯经济就从危机的低谷中走出，进入恢复性增长时期。从宏观经济指标上看，1999年白俄罗斯经济已恢复到1991年的水平。

卢卡申科主张实行循序渐进、面向社会和由国家控制的市场经济改革的经济政策。其改革目标是在白俄罗斯建立"市场社会经济"。他认为，"市场社会经济"能在发展市场经济的同时促进社会发展，使劳动的"物质动机"与"精神动机"更好地结合在一起。在这样的社会里，市场规则不是自发地发挥作用，而是在政府的有效调控下促进生产和改善分配。他认为，"市场社会经济"既不是无限夸大市场机制的功能，亦非随意地贬低计划经济的作用。卢卡申科经济政策的重点是优先解决经济和社会问题。其具体措施主要包括：紧缩银根、提高税收效率、加强国家宏观调节作用、鼓励出口、整顿生产秩序、重视对居民的社会保障等。

随着社会的发展和人民日益增长的物质文化需要，卢卡申科政权与时俱进，先后推出《2011—2015年五年计划》，《2016—2020年社会经济发展纲要》，为白俄罗斯经济社会发展提出新的要求和目标。特别是《2016—2020年社会经济发展纲要》指出，未来五年白俄罗斯经济发展目标是提高人民生活水平、增强经济竞争力、吸引投资和创新性发展。

独立20多年来，白俄罗斯经济基本上保持了较高的增长速度，在卢卡申科执政的头10年中，白俄罗斯经济保持了7%

的增长势头。虽然受到2008年国际金融危机和2014年俄罗斯卢布贬值的负面影响，但白俄罗斯经济整体保持了一个相对稳定的发展趋势，白俄罗斯在独联体国家中最早恢复到苏联解体之前的经济水平，人均收入也高于大多数独联体国家。2016年，白俄罗斯国内生产总值约474.33亿美元，比1990年增长70%。许多经济指标都超过1990年的水平，其中工业产值超过53%，消费品生产超过66%，居民实际收入超过75%，工资超过95%。正如卢卡申科总统所说，20世纪90年代初期，白俄罗斯国家处于崩溃之中：生产瘫痪、商品匮乏。1994年人均工资20美元、退休金仅7美元、通货膨胀率高达2300%。而现在，白俄罗斯社会稳定，人民生活安逸，社会治安良好。当邻国乌克兰"革命不断"、战火纷飞、工资和退休金拖欠时，白俄罗斯却能按时发放工资和养老金。人们还像苏联时期那样享受免费教育和免费医疗，国家依然为居民建造和分配住房。

04

坚持务实为本的外交政策

卢卡申科外交哲学的核心是独立和务实，其外交战略目标就是维护国家独立安全、促进经济发展和保障社会稳定。围绕此目标，卢卡申科执政以来，根据国内外环境的变化，着眼于国家安全和经济利益，及时调整跟进外交政策，制定出以发展与俄罗斯关系为重心，扩大与第三世界国家的关系，努力改善同西方关系的多元化外交。

白俄罗斯地缘位置重要，冷战结束后，北约5次东扩，意在围堵俄罗斯。白俄罗斯在面对北约东扩压力的同时，成为北约与俄罗斯之间唯一的缓冲国。卢卡申科看到了冷战后白俄罗斯在欧亚战略格局中的重要地位，采取了倚重俄罗斯的外交政策，以谋求实现逐步提高白俄罗斯的国际地位和加强保障国家安全的目标。同时，白俄罗斯经济高度依赖俄罗斯，75%的原材料来自俄罗斯，84%的商品销往俄罗斯。卢卡申科政权只有依靠俄罗斯的支持，才能顶住怀有意识形态偏见的西方国家的压力。加强同俄罗斯的关系，是白俄罗斯的战略利益所在。因而，卢卡申科在继1996年积极促成白俄罗斯与俄罗斯组成主权共和国共同体之后，又于1999年推动白俄罗斯与俄罗斯结成了更为紧密的俄白联盟。

在卢卡申科总统的前三个任期内，根据国内发展的现实需要，白俄罗斯高度重视发展俄白同盟关系，在俄罗斯主导的独联体政治经济一体化进程中是最积极的参与者和坚定的支持者。须指出的是，虽然卢卡申科采取了倒向俄罗斯的外交政策，但他坚决维护白俄罗斯国家主权独立，力倡俄白联盟必须建立在"平等互利、独立主权"基础上，拒绝做包括发展俄白联盟统一货币等"损害白俄罗斯主权"的事情，认为白俄罗斯是俄罗斯面向西方的窗口，双方合作互有需要。与俄罗斯紧密合作关系相反，白俄罗斯与西方国家关系处于僵冷之中。卢卡申科坚决反对美国等西方国家干涉白俄罗斯内政，不时发表抨击西方国家的言论。卢卡申科多次强调，白俄罗斯不会接受来自外界的政治压力和制裁。卢卡申科对待欧盟多年的制裁不让步服软，并实施与西方对抗的政策。与此同时，卢卡申科大力发展与独联体国家、中国、印度以及其他发展中国家的外交关系。在受到西方抵制的情况下，白俄罗斯在卢卡申科领导下成功开拓出一片外交天地。

2008年国际金融危机爆发和2014年俄罗斯经济危机对白俄罗斯经济造成的巨大冲击，使卢卡申科认识到，仅依靠俄罗斯并不能在新形势下推动白俄罗斯经济发展。卢卡申科开始调整对俄一边倒的外交政策，提出"东西方平衡外交"，积极改善与欧美关系，强调发展与欧盟的关系是其外交优先方向之一。他恢复与欧美高层领导的接触，允许白俄罗斯加入欧盟的东部伙伴关系计划，并在乌克兰危机中提供危机调停平台。这一方针得到西方认同，白俄罗斯与西方关系出现缓和。2015年欧盟取消了对包括卢卡申科在内的多名白俄罗斯政要的制裁。白俄罗斯也获得国际货币基金组织的30亿美元贷款。

总的看来，卢卡申科总统在对外关系上秉持独立务实、利益优先的原则，根据国内外环境的变化在不同时期相应地对具体问题做出一定的调整和策略上的改变。正是由于这种实时调整，白俄罗斯才能安全挺过国际金融危机以及俄罗斯经济危机带来的负面影响，国家发展继续稳定前行。

05
视中国为最信赖的伙伴

卢卡申科对华友好，高度重视同中国发展关系，先后6次访华。他称中国是白俄罗斯最好的朋友，白俄罗斯也是中国最值得信赖的伙伴，愿作"中国在欧洲的发展平台"。卢卡申科赞扬中国发展模式。他说，中国坚持走社会主义道路，这是正确的，带领一个有10多亿人口的国家在保持稳定的前提下不断发展，绝非易事。中国领导人完成了"不可能完成的任务"，"在很短时间内，缔造出极其强大的国家，现在世界上任何一个重大问题的解决都离不开中国"。他说，20多年前他还是议员时就访问过中国的经济特区，发现了很多好经验。成为白俄罗斯总统后，他也总以中国为范例，循序渐进地推进改革，拒绝"休克疗法"。他认为，经济改革需要一步步走，维护好国家和社会稳定是经济发展和深化改革的前提，稳定将有助于克服一切短期和长期困难。正是因为卢卡申科的中国情结，其执政以来，中白两国关系健康稳定发展。两国高层互访频繁，就彼此关切的问题保持密切沟通，相互予以坚定支持。政府、议会、政党及地方等开展了卓有成效的合作。2005年胡锦涛主席与卢卡申科总统共同宣布中白关系进入"全面发展和战略合作的新阶段"。2013年两国建立了全面战略伙伴关系，2014年制定了两国全面战略伙伴关系发展5年规划，成立了政府间合作委员会。2015年两国关系进入加速发展阶段，一年内两国元首实现互访。2015年5月10日中国国家主席习近平到访白俄罗斯，这是中国国家主席时隔14年首次访问白俄罗斯。两国签署了《白中友好合作条约》及多领域合作文件，达成价值157亿美元的合作项目合同。2016年9月卢卡申科总统访华期间，双方宣布建立相互信任、互利共赢的全面战略伙伴关系。

中白经贸合作发展迅猛，在双边贸易、投资、大型项目等领域的合作成效显著。两国双边贸易额由建交初期的3400万美元增至2018年35亿美元。投资和技术合作成为两国经贸合作的新增长点，在交通、物流、金融、通信等领域开展了广泛深入的合作。2016年12月2日，白俄罗斯总统办公厅副主任斯诺普科夫指出，过去5年中国对白投资总额达到10亿美元，是前一个5年的3倍。2011年在白中资企业总共有27家，2016年初，这一数字增至191家。两国人民的传统友谊也不断加深，两国间十余对省（州）、市已建立友好关系，双方互办"科技周""文化日"。在白俄罗斯，青少年学习中文的热情高涨。2016年，在白俄罗斯的中国留学生已接近3000名，在华白俄罗斯留学生达到850多人。两国教育合作项目多达200个。正如卢卡申科所说的那样："白俄罗斯与中国在政治、经济、人文等领域进行了广泛合作，是互为重要的全面战略伙伴。我们不是简单地把与中国保持良好关系挂在嘴边，我们是发自内心地为白中两国间的关系而骄傲，为有这样的伙伴而自豪。"

多年来卢卡申科始终坚持"一个中国"的立场，在台湾问题上对华给予一贯支持。中白两国在一些重要国际和国内问题上常常立场相同或相近，在国际和地区事务中，特别是在联合国等多边领域开展了密切合作。

2013年9月，习近平主席提出共建"一带一路"倡议后，白俄罗斯是最早积极响应"一带一路"倡议的国家之一，也是最早与中国签订共建"一带一路"合作协议的国家之一。卢卡申科为此表示，"一带一路"是一个具有历史意义的倡议，将为世界经济创造新的增长点。白俄罗斯愿意成为实现这一构想的重要平台。卢卡申科是这样说的，也是这样做的。2015年8月31日，卢卡申科颁布《关于发展白俄罗斯共和国与中华人民共和国双边关系》的第5号总统令。这是白俄罗斯独立至今就与某个国家发展双边关系颁布的唯一一份总统令。该总统令要求：以白俄罗斯参加建设"丝绸之路经济带"和"21世纪海上丝绸之路"构想为出发点，更新和协调白俄罗斯已通过的促进交通、物流、通信、海关基础设施现代化的国家计划。

卢卡申科还大力支持中白"巨石"工业园建设。早在2012年就特别签发总统令，赋予入园企业在前10年免税优惠，第二个10年政府仅收取一半的必要税费。根据总统令，在明斯克以东约25千米划了块"宝地"，总面积91.5平方千米，相当于整个明斯克市的三分之一。2014年，中白"巨石"工业园正式启动。在两国政府高度重视下，中白工业园发展取得重大进展，3.5平方千米"七通一平"起步区已基本建成。按照计划，2017年年底基本完成8.5平方千米一期工程建设。目前签约入驻的企业已增至43家，协议投资总额近11亿美元，其中开工建设企业累计23家，投产运营企业累计14家。在中国海外诸多工业园中，中白工业园创下了3个"最"：层次最高、开发面积最大、政策条件最为优越，成为"一带一路"上的一颗耀眼明珠。

2017年5月，卢卡申科总统出席在北京举行的"一带一路"国际合作高峰论坛。他表示，将进一步努力，在"一带一路"建设中与中国加强合作。

回首1994年，卢卡申科在其第一任总统就职典礼上发表演讲时，引用美国总统林肯的话说："真正的民主是人民政权。这种政权来自人民，又服务于人民。"在其20年来的总统生涯中，他将这句话付诸实践。也许，在西方国家看来，卢卡申科是实行个人强权统治的独裁者，但在白俄罗斯人民心中，卢卡申科是真正代表人民利益的有作为的领袖。白俄罗斯20多年发展成就证明，卢卡申科为这个东欧平原上的美丽国家所指引的发展方向是正确的。白俄罗斯人民为拥有这样一位平民总统而感到自豪！

（作者韩璐，中国国际问题研究院欧亚研究所副研究员）

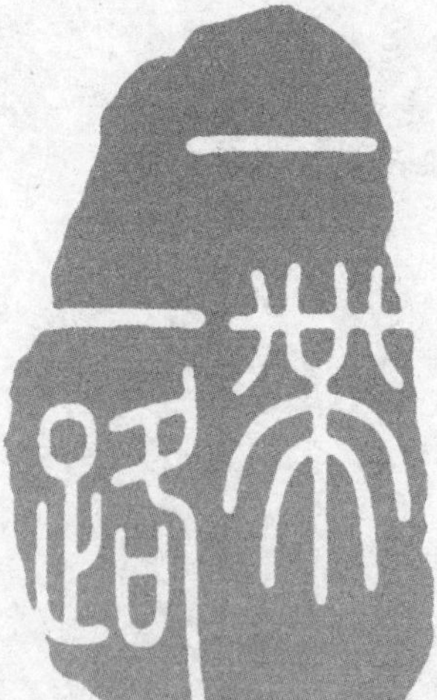

苏联时期白俄罗斯的最高领导人

——彼得·马谢罗夫

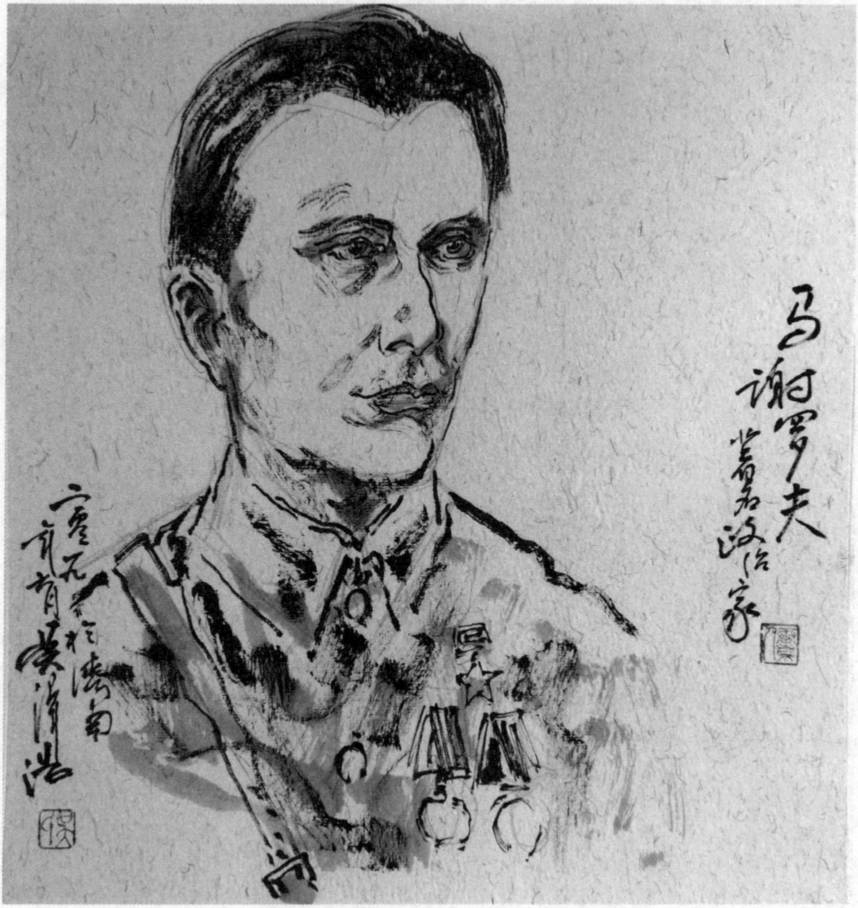
马谢罗夫
著名政治家

彼得·米罗诺维奇·马谢罗夫（Пётр Миронович Машеров，1918—1980），白俄罗斯著名政治家、领导人，苏联英雄，社会主义劳动英雄，7枚列宁勋章获得者，他担任白俄罗斯共产党党中央第一书记长达15年之久，深受白俄罗斯人民的爱戴。他出生于白俄罗斯维捷布斯克州先年斯基区的一个普通的农民家庭。1939年毕业于维捷布斯克师范学院物理专业，并被分配至维捷布斯克州罗松内区中心的中学担任数学和物理老师。1941年投身于反抗法西斯侵略的斗争，1944年被授予"苏联英雄"称号、列宁勋章和金星奖章。卫国战争结束后，马谢罗夫担任共青团莫洛杰奇诺州、明斯克州委员会第一书记；1946年任白俄罗斯共青团中央委员会书记；1947—1954年，任白俄罗斯共青团中央第一书记。1954年，被选举为白俄罗斯共产党明斯克州委第二书记；1955年，成为白共布列斯特州委第一书记；1959年起，历任白共中央书记、白共中央第二书记、白共中央第一书记，正式成为白俄罗斯最高领导人，直至1980年10月因车祸不幸去世。

在领导白俄罗斯的15年时间里，马谢罗夫将工作重点放在发展国内经济、科学和文化上，以建设成为高度发达的工业国家为目标，使白俄罗斯一跃成为苏联经济最发达的加盟共和国之一，人民生活水平也得到大幅提高。

马谢罗夫颇有个人魅力，他身材高大、外形俊朗，同时又为人简单朴实、真诚热情、平易近人，他喜欢与人民打成一片，经常深入到人民中间，了解人民的生活和困难。纵观 20 世纪白俄罗斯的历史进程，马谢罗夫无疑是其中形象最鲜明、最杰出的政治家之一。直至今日，他墓前那日日不断的鲜花，依旧诉说着白俄罗斯人民对这位已故领导人的深情与热爱。

01
优秀的中学教师

1918 年 2 月 26 日，在白俄罗斯维捷布斯克州先年斯基区谢尔基·诺沃谢里斯基村，农民米龙·瓦西里耶维奇·马谢罗夫和妻子达莉娅·彼得罗夫娜又迎来了一个小生命。他们给这个呱呱坠地的小男孩取名为彼得。这个家庭共有 8 个孩子，但最终只有 5 个幸存下来。相传，马谢罗夫家的祖先是拿破仑军队的一个法国士兵，在撤退途中留在了先年斯基，并皈依东正教，娶了当地一个农妇为妻。

由于家庭贫困，彼得·米罗诺维奇很小的时候就开始帮家里干农活。从 6 岁起，他就跋涉 12 公里去库兹明村放牧。

8岁开始在格里鲍夫斯基初级中学学习，随后前往维捷布斯克，在第三铁路中学继续学业。在此期间，马谢罗夫家迎来了第5个孩子——妹妹娜杰日达。母亲经常生病，大一点的孩子们总是帮助母亲做家务。

1934年，彼得从七年制中学毕业，被维捷布斯克师范学院工农速成班录取。1935年，他正式进入维捷布斯克师范学院物理数学系，成为物理专业的一名学生。然而在1937年，不幸降临马谢罗夫家，父亲米龙·瓦西里耶维奇因为私藏《圣经》而被捕，被判流放3年，并于1938年3月在监禁期间去世。原本贫苦的生活变得更加困难，生活在维捷布斯克的大姐马特廖娜担负起重任，成为家里的主心骨。日后，已经成名的彼得·米罗诺维奇每每提起姐姐马特廖娜，总是感怀其对这个家庭的奉献。

1939年，彼得从师范学院毕业，被分配至维捷布斯克州罗松内区中心的中学担任数学和物理老师，同年加入维捷布斯克列宁共产主义青年团。彼得十分热爱教师这个职业。早在中学毕业需要选择学校进一步深造时，他就对哥哥帕维尔表达了做一名教师的意愿，并选择去维捷布斯克师范学院学习。事实证明，彼得·米罗诺维奇的确是一位优秀教师。他外表沉稳，能控制自己的感情，但是，却极富同情心、有求必应。学生们都被他吸引，喜欢围在他身边，因为大家知道，这样一个能够理解、帮助他们，把他们当成自己亲人的年轻教师是多么难得！

02
卫国战争中的"苏联英雄"

可是，这样平静的生活未能持续很久。随着 1941 年 6 月 22 日布列斯特要塞打响抵抗纳粹德国的第一枪，战火很快绵延至白俄罗斯全境，烧到了罗松内。7 月 3 日，马谢罗夫收听了斯大林慷慨激昂的演讲，和许多满腔热血的年轻人一起请求奔赴前线。当时在罗松内建立了一支由数百名志愿者组成的游击队，马谢罗夫被派到这里。

几乎是手无寸铁的罗松内志愿者们和撤退的苏军战士一起向东转移。7 月 23 日，队伍在距离俄罗斯城市涅维尔不远的地方被敌军包围，几天后，马谢罗夫和战友们在位于加里宁州（现为特维尔州）的普斯托什卡被俘。战俘们步行 70 千米到达谢别日城，随后在车站被押上货车车厢，送往一个未知地。幸运的是，7 月 27 日深夜，疲惫不堪的马谢罗夫和一个战友从车厢里逃出。两人依据星星来确定方位，向东逃离普鲁士边境，路上得到一位立陶宛农妇救助。8 月 5 日，马谢罗夫终于抵达罗松内的父母家，而那里已经被德国人占领。好在罗松内集体农庄还未解散，12月至次年3月，马谢罗夫在农庄当会计，并重新在学校教书。与此同时，马谢罗夫投身于抵抗法西斯侵略者的斗争，创建了共青团青年地下组织，在罗松内地区开展游击运动。1942年4月，马谢罗夫被任命为尼古拉·亚历山德罗维奇·肖尔斯游击队的指挥员。

战争期间，马谢罗夫两次负伤。第一次是在1942年5月2日"杜博尼亚克"中队的第一次战斗中。包括马谢罗夫在内的14名游击队员埋伏在罗松内通往科里亚斯济茨的公路边，准备击毙德军德雷顿宪兵队的上尉，因为他携带了一份有50名拟逮捕的地下工作者姓名的秘密名单。上尉在濒死挣扎时向第一个英勇发起进攻的马谢罗夫腿上开了一枪。身负重伤的马谢罗夫连走路都十分困难，他决定去找地下工作者们进行简单治疗，然而临近的居民点只有德军驻守的罗松内。力气一点点减弱的马谢罗夫沿着林间小道走到位于罗松内边缘地带的小村庄，一对姓马萨利斯基的波兰母女救了他，其中女儿雅德维佳曾是马谢罗夫的九年级学生。马谢罗夫在狭窄的木床上躺了3天，伤口只能用家织布进行简单包扎。

第三天，两个德国兵来到马萨利斯基家，雅德维佳巧妙地赶走了不速之客。马谢罗夫意识到，继续藏在这里已十分危险。母女俩连夜将马谢罗夫转移至他母亲的住处。在那里，马谢罗夫得到医生救治，痊愈后，返回中队。回到中队的马谢罗夫将肖尔斯中队和谢尔盖耶夫中队合并，因为谢尔盖耶夫中队的指挥员谢尔盖·莫伊先科在此前一场与德国侵略者的战斗中壮烈牺牲。

1942年8月4日，马谢罗夫在强攻别尼斯拉夫桥的战斗中第二次负伤。别尼斯拉夫桥横跨德里萨河，全长100米，是维捷布斯克—波洛茨克—德文斯克—维尔纽斯—里加铁路干线上的一个关键点。马谢罗夫身先士卒，英勇战斗，手部负伤。游击队员们与驻守的德军展开白刃战，击溃敌军，歼灭65名德国士兵，随后炸毁大桥，使维捷布斯克至里加的铁路干线停运两个星期。正值希特勒命令德军大举向斯大林格勒开进，这一战斗的胜利使得大批敌军列车无法及时赶到维捷布斯克、涅维尔、大卢基等前线。

随后，加里宁格勒前线的苏联军队转入进攻，重新控制了祖布佐夫、波戈列雷、格罗季谢等地。同时，在罗松内地区，游击队也不断打击驻守德军。德国部队和伪警察不得不退出罗松内区中心和科里亚斯济茨。1942年9月中旬，守卫敌军向波洛茨克撤退，进一步远离游击队活动的地带。广袤的游击区就此形成。1943年3月，马谢罗夫被任命为罗科索夫斯基游击旅政治委员。

早在1942年7月，马谢罗夫就向组织递交了入党申请书。在申请书中，他诚实地叙述了自己父亲因私藏《圣经》被捕，在服刑期间去世的事实。1943年夏，游击旅党委全票通过了马谢罗夫的入党请求，这个年仅25岁的"人民敌人的儿子"正式成为一名党员。9月，马谢罗夫开始担任白俄罗斯列宁共产主义青年团维列伊卡州地下州委第一书记。

1944年3月，马谢罗夫被呈请授予列宁勋章。维列伊卡州地下党委第一书记伊万·弗洛罗维奇·克里莫夫和白俄罗斯游击运动司令部长官彼得·扎哈罗维奇·加里宁作了"应授予马谢罗夫苏联英雄称号"的批示。然而当组织作出嘉奖马谢罗夫的决定时，却出现了一封电报，上书：英雄曾经被俘。时任白俄罗斯列宁共产主义青年团第一书记的米哈伊尔·瓦西里耶维奇·季米亚宁在后来接受采访时回忆道，这封电报当时对他来说就如同晴天霹雳，因为依照政治局规定，曾经被俘的人没有资格入党，更别说被嘉奖了。但季米亚宁身边可靠的同志们都对马谢罗夫评价很高，所以季米亚宁决定为这个素未谋面的年轻人辩护。他找到时任白共中央委员会第一书记的潘特雷蒙·孔特拉基耶维奇·波诺马连科，表示愿为马谢罗夫的一言一行负责。最终，1944年8月15日，苏联最高苏维埃主席米哈伊尔·伊万诺夫·加里宁和书记亚历山大·费德罗维奇·高尔金签署了最高苏维埃主席团有关授予马谢

059

罗夫"苏联英雄"称号、列宁勋章和"金星"奖章的命令。最高苏维埃的嘉奖令无疑是对马谢罗夫舍身忘死、英勇无畏、果断坚决品质的最高肯定。嘉奖令说:"(马谢罗夫同志)在抵抗德国法西斯侵略者的斗争中,出色完成了敌后的政府任务,表现出大无畏精神和英雄气概,并对游击运动在白俄罗斯的发展做出了杰出贡献,功勋卓著。"

在伟大卫国战争的那段艰苦岁月里,马谢罗夫积极投身于抵抗德国法西斯的斗争,表现出极大的英雄气概,无愧于"苏联英雄"这一最高荣誉。

03
夙夜在公的共青团领导人

白俄罗斯解放后,自 1944 年 7 月起,马谢罗夫担任共青团莫洛杰奇诺州、明斯克州委员会第一书记。1946 年 7 月,任白俄罗斯共青团中央委员会书记。1947 年 12 月 3 日至 4 日,白俄罗斯共青团中央委员会举行例行全体会议。时任白共(布)中央委员会书记的季米亚宁在会上宣布白俄罗斯共青团中央委员会第一书记基里尔·马祖罗夫改任白共(布)中央委员会党政机关监察部副部长,并举荐马谢罗夫继任第一书记。这一提议得到与会代表一致同意。

由于在学校和基层共青团工作的经历，马谢罗夫十分喜欢和青年人打交道，也热爱这份工作。即便是在官僚主义盛行的斯大林时期，他也常常工作到凌晨三四点钟，而与此形成鲜明对比的是，时任白俄罗斯国家安全部主席的拉夫连季·弗米奇·采那瓦则在所有同事工作的时候，在自己办公室里睡大觉。

马谢罗夫担任白俄罗斯共青团中央第一书记的时候，正值斯大林执政时期。几乎5年半的时间里，马谢罗夫在白俄罗斯共青团组织中执行的青年政策都受到斯大林思想的影响，存在不少不足之处。弄虚作假、形式主义、陈词滥调、官僚主义和抽象的思想渗入许多共青团工作者的思维里，更体现在工作中。这就导致青年人的创造性思维被扼杀，他们逐渐远离生活这一必不可少的物质基础。时任维捷布斯克共青团中央书记的尼古拉·亚历山德罗维奇·米哈伊洛夫曾这样总结白俄罗斯共青团中央的工作："共青团中央的机构未能摆脱一些极其严重的缺点，诸如官僚主义、办事拖拉、缺乏与地方组织的联系、能力低下，以及不能总是对问题的复杂性进行正确判断并提出解决方法。"1953年，斯大林去世，在苏共二十大后，马谢罗夫和其他同时代的人一样，结束了对斯大林的无限信任和盲目崇拜。

尽管工作上存在些许不足，但马谢罗夫在组织中的威望一直很高，此后又连续三次被白俄罗斯共青团中央代表大会选举为第一书记。他朴实无华、无私、对他人的不幸从不袖手旁观的品质也给许多人留下深刻印象。作家弗拉基米尔·费多先科叙述过这样一件事：1950年，费多先科进入共青团中央，从事监督青少年出版物的工作。他经常要在一天内多次请示马谢罗夫，常常看见马谢罗夫在办公室工作到深夜。有一次费多先科的女儿生病，他和妻子一起把孩子送进医院。过了一段时间，孩子出院，但身体依旧十分虚弱。费多先科去找自己的顶头上司——分管思想工作的书记泽农·斯坦尼斯拉沃维奇·波兹尼亚克，问是否能借车用一下。波兹尼亚克直接回答："我自己要用，不能给你。"心情焦灼的费多先科又来到马谢罗夫接待室，神色忧郁地望着窗外。过了一会，马谢罗夫走进来，问他："瓦洛佳，在思考什么？"费多先科讲了事情原委。马谢罗夫听罢，当即领着他走进办公室，并给自己的司机打电话："跟费多先科去趟医院，接到孩子后把她送回家。"费多先科听了十分错愕，问道："彼得·米罗诺维奇，您自己也需要车啊，很快就到午饭时间了。"而马谢罗夫只是笑笑，轻描淡写地说："我走去就行，什么事都不会发生。您在半天内把事情解决好。"这件事让费多先科十分感动，一直记忆犹新。

1954年3月5日至8日，白俄罗斯共青团中央举行第十八届代表大会，这是马谢罗夫主持的最后一届大会。在报告中，他将大部分注意力都放在如何推动共青团组织和青年农民、畜牧工作者、机械师们参加到为完成苏共中央在1953年9月的全体大会上通过的决议而进行的社会主义竞赛中去。1954年2月至3月举行的苏共中央例行全会，号召全民去开垦位于西伯利亚、哈萨克斯坦和乌拉尔的荒地，在1954—1955年开垦1300万公顷的荒地。3月初，由明斯克的共青团员和青年们组成的第一批志愿者响应号召，离开故土，向遥远的荒地进发。在送别集会上，马谢罗夫发表了演讲。1954年底，已经有4500名来自白俄罗斯的开垦者在哈萨克斯坦的荒地上工作。到1960年，共有超过6万名白俄罗斯年轻人长期在苏联各地从事垦荒的辛苦劳作。

04

在白俄罗斯最高领导岗位上

1954年7月，马谢罗夫被选举为白共明斯克州委第二书记。1955年8月，成为白共布列斯特州委第一书记。在这两个州工作期间，马谢罗夫一直从当地经济、科学、文化发展的长远角度考虑，致力于提高明斯克人民和布列斯特人民的生活水平。他有一说一，不是高高在上，而是与大家一起辛勤工作。因此，他得到人们的高度评价，受到民众的尊敬。1959年至1962年，马谢罗夫担任白共中央书记。1962年起，任白共中央第二书记。

1965年3月，白共中央第一书记基里尔·马祖罗夫调往莫斯科工作。由他推荐，马谢罗夫被选举为白共中央第一书记，成为白俄罗斯最高领导人。当时，在苏共中央总书记勃列日涅夫的行政管理体系中，一个苏联加盟共和国的领导人在自己的共和国内拥有非常大的权力，很容易养成行事专断、不容异见、反对真理等不良作风。而身居高位的马谢罗夫却变得更加成熟、果断、坚决、智慧。

马谢罗夫生活简朴，待人真诚，工作充满热情。他高大的身材、俊朗的外形使他的个人魅力更为突出。马谢罗夫不喜欢只在办公室里办公，他的身影总是出现在人们意想不到的地方。他经常前去市场、工厂，去田间地头，与普通的工人、农民交谈。他深入人民中间，了解人民的生活和困难。马谢罗夫也喜欢参加各种大型活动，他的出现总是引起现场的欢呼。在现场群众簇拥下，他热情地与人们打招呼，一一握手，露出标志性的"马谢罗夫式"笑容，亲切询问大家的近况。而人们也用同样的敬意和热情回馈他。白俄罗斯苏维埃社会主义共和国前内务部副部长弗·格扎尔采夫回忆道，有一次他陪同马谢罗夫回罗松内和前游击队员们见面。一到罗松内，他们就被人群和鲜花紧紧包围，大家都兴奋地大声说："我们的彼得·米罗诺维奇回来了！"而马谢罗夫一点也没有摆架子，尽管舟车劳顿，但他还是走向在场的普通群众，和大家握手问候，用和善的笑容向周围的人们致意，询问近况。

马谢罗夫的平易近人深深铭刻在那一代白俄罗斯人民的记忆里。同时，对铺张浪费、管理不力、不负责任的行为，马谢罗夫又十分严苛。时任白俄罗斯《红星报》副责任秘书的叶·里亚霍夫说过这样一件事：有一天他在沃罗任斯基区出差，在田里和机械师闲聊的时候，路边开过三辆载着钾盐的大货车，货车厢没有用油布覆盖起来，风把车上的钾盐吹到地上。突然，一辆黑色的"伏尔加"轿车超过货车并停了下来，从车里走出来马谢罗夫。货车司机也走出驾驶室，一看是马谢罗夫，就面带歉意地低下头说："路上灰尘太大，我们没看清是您的车在后面，因此没有让路……"马谢罗夫马上打断了他的道歉："我不是因为这个停下的。你们在把什么运到田里？请看看吧，多少好东西被你们丢在了地上！"第一书记满脸愠色，他目光凌厉地看着对方，人们还是第一次看见这样怒气冲冲的马谢罗夫。

马谢罗夫的声望不仅在白俄罗斯、在苏联其他加盟共和国，而且在国外，包括在那些资本主义发达国家都很高。1973年，白俄罗斯人民艺术家阿纳托利·阿尼克契克和剧作家安德烈·马卡延科被邀请到美国，参加在纽约一个公园内举行的白俄罗斯诗人扬卡·库帕拉铜像揭幕仪式。苏联常设代表处的工作人员向阿尼克契克展示了一份当地的杂志。当时美国正值总统选举前夕，杂志上刊登了题为"哪一位外国政治家能胜任美国总统？"的调查问卷，候选人中，马谢罗夫的名字赫然排在前列。马谢罗夫共出访过8个国家：匈牙利、南斯拉夫、英国、法国、保加利亚、德意志民主共和国、波兰、越南。马谢罗夫60岁生日那天，保加利亚人民共和国决定授予其"格奥尔吉·季米特罗夫"勋章，以这一崇高荣誉表彰他为发展保苏友谊以及加强保加利亚和白俄罗斯合作关系所作出的贡献。

经历过伟大卫国战争并荣获"苏联英雄"称号的马谢罗夫深知胜利来之不易，战争给人民留下惨痛的创伤，所以他更深知不能忘记过去。现在白俄罗斯国内大部分著名纪念性建筑都是在马谢罗夫时期兴建的。

1965年是苏联卫国战争胜利20周年，由马谢罗夫主持，白俄罗斯政府决定筹集资金，在布列斯特要塞的遗址上修建大型群雕，以纪念为保卫要塞而牺牲的烈士。同年5月8日，苏联最高苏维埃主席团批准此决议，并决定授予布列斯特要塞列宁勋章和金星奖章。1966年7月23日，白俄罗斯最高苏维埃主席团通过决议成立纪念保卫英雄群雕创作组，主要由苏联人民艺术家、雕塑家亚·帕·基巴里尼科夫，苏联人民建筑家弗·阿·克洛里，白俄罗斯人民艺术家、雕塑家安·奥·本别尔等人组成。创作组于1969年完成群雕创作工作。1971年9月25日，举行了隆重的群雕建成仪式。创作者们以简单而坚毅的造型，生动地表现了苏军战士对侵略者的愤慨和视死如归的大无畏精神，给前去参观的人们以心灵震撼。

马谢罗夫始终关心一系列英雄纪念碑和群雕的建造进程，有时甚至直接参与纪念性建筑的设计建造工作。1966年8月18日，马谢罗夫签署了有关在明斯克城郊斯莫列维奇区建造雕塑纪念像《光荣岗》的决议。9月30日，举行了奠基仪式，前来参与集会的不仅有明斯克的群众，也有从其他英雄城市赶来的代表。《光荣岗》从1967年11月开始建造，1969年竣工。山岗从苏联英雄城市、战场等全国各地采集泥土建成，高约35米，山岗上耸立着4把高为35.6米的刺刀状纪念碑，分别象征白俄罗斯第一、二、三方面军和波罗的海第一方面军。1944年7月23日至8月29日，这四个方面军发动巴格拉季昂战役，围困并歼灭了盘踞在明斯克的10.5万德国法西斯军队，一举解放白俄罗斯全境、波兰和立陶宛的部分地区。山丘上建有楼梯，可供人们登上最顶端近距离感受雕塑的宏大雄伟。建造该楼梯是马谢罗夫的提议,当时项目的设计者们都认为在山丘上修建楼梯是不可能的,马谢罗夫用自己经过数学计算的结果说服了他们。

哈丁村死难者建筑纪念群也不例外。一群雕塑家在创作一个雕塑时突然萌生了一个想法:为那些在卫国战争期间被德国法西斯完全摧毁的村庄建造一座纪念雕塑。共青团中央书记将这一想法报告给马谢罗夫,但不知该以哪个村庄为例进行创作。马谢罗夫听完后激动地大声说:"这个想法太好了!选择哪个村庄的问题你们就不用担心了!"1966年1月,白俄罗斯政府决定在哈丁村原来的位置上建造死难者建筑纪念群,以纪念1943年3月2日被德国法西斯残忍杀害的全村149名村民,以及卫国战争期间在白俄罗斯被完全摧毁的186个村庄。之后,马谢罗夫直接参与纪念建筑群的具体创作,提出自己的想法和建议。1969年,在庆祝白俄罗斯解放25周年之际,哈丁村纪念建筑群正式与世人见面。它不仅提醒人们勿忘这段悲惨的历史,而且其本身也成为白俄罗斯纪念性建筑艺术的巅峰之作。

然而,这段戎马岁月也对后来马谢罗夫在用人的问题上造成了一定的负面影响。马谢罗夫对于那些经历过伟大卫国战争、对祖国一片赤诚、在战斗中表现英勇的人有特别的好感,尤其垂青那些上过前线的战士、游击队员。他对所有上过前线的人都用"你"来称呼[1]，并且直呼其名。这一同志情谊早在战争和共青团工作时期就十分深厚，将每个人都紧紧维系在一起。但并不是所有人都能经受住时间的考验：有的人在战后成了整日醉醺醺的酒鬼，有的人完全不能胜任手头的工作。马谢罗夫也看到这些战友们在工作中的表现和不足之处，但对他们非常宽容，甚至原谅一些极其严重的错误。其中一个鲜明的例子是伊·弗·克里莫夫——伟大卫国战争时期白俄罗斯著名的地下工作者和游击队员，战后他担任各级领导职务，直至共和国副主席。时任白共中央书记的维克托·斯捷潘诺维奇·舍维卢哈后来回忆说，马谢罗夫在一次谈话中曾向其坦诚地说道："他（克里莫夫）当然是个功勋卓著的人，但他现在除了笑话什么都不会说，工作上的问题也基本没法解决，只能将他调离职位，从事其他工作。"

担任白俄罗斯第一书记的马谢罗夫将工作重点放在发展国内经济、科学和文化上，致力于将白俄罗斯苏维埃社会主义共和国建设成为高度发达的工业国家。

在此期间，白俄罗斯开始发展化学工业，在莫吉廖夫、波洛茨克、莫济里等地建立了专门的化工企业。在马谢罗夫

---

[1] 俄语中，一般只有关系十分亲近的人，如朋友、父母、兄弟姐妹等可以用"你"（ты）相互称呼，其他情况下用"您"（Вы）以表尊重。——作者注

上任后的头5年，白俄罗斯各地建立起一系列无线电工厂，化学工业、机器制造业、制表业和无线电工程规模继续扩大，白俄罗斯作为苏联机器、机床和仪器仪表主要生产中心的地位得到巩固。1970年，苏联全境49%的钾肥都产自白俄罗斯。1975年，白俄罗斯化学和石油化工产品的生产总量较1970年增加2.5倍。到了马谢罗夫执政后期，不仅一些原有大型企业的生产规模得到显著扩大，而且出现了一大批新的大型企业，例如明斯克汽车制造厂（简称"马兹"）、明斯克拖拉机厂、格罗德诺"阿佐特"氮肥厂、戈梅利农业机械厂等。根据1980年统计资料，白俄罗斯实际工业产值超出生产计划约20亿卢布。

农业方面，在第八个五年计划期间，白俄罗斯年均粮食产量为每公顷1310公斤，第九个五年计划为2130公斤，到了1976年达到2700公斤。在俄罗斯联邦粮食歉收的年份，白俄罗斯都给予其大力支持。

人民的物质文化生活水平得到明显提高。1960年，白俄罗斯人均国民收入比苏联平均水平低24%，而到了1970年初，该情况几乎得到扭转，1975年白俄罗斯的人均可支配收入达到苏联平均水平。1980年，白俄罗斯人民的平均月工资达到150.5卢布。

同时，马谢罗夫十分重视白俄罗斯首都明斯克的城市建设。1977年6月16日，明斯克地铁建设工地上，第一根桩子打入地下。在明斯克地铁建设期间，马谢罗夫不止一次前往工地视察。1979年，在明斯克维拉·赫鲁日街8号，卡马罗夫斯基市场开张了。市场占地5.5公顷，带顶棚，能容纳1200个摊位，是当时苏联国内最大最漂亮的市场之一。1980年9月19日，在明斯克公园大街（现更名为胜利者大街）13号建成了当时白俄罗斯最大的电影院——莫斯科电影院，影院的影厅能容纳1070名观众。在马谢罗夫当政的这些年，明斯克经济发展迅速，街头巷尾都洋溢着城市不断建设发展的勃勃生机，它终于从战后的满城废墟变成了一座拥有100万人口的大城市。

1971年至1985年间，白俄罗斯几乎所有主要经济发展指标的增长速度都比苏联的平均水平要高一些。到80年代中期，白俄罗斯已成为苏联经济最发达的加盟共和国之一。这一成就与马谢罗夫在任期间注重发展白俄罗斯经济、增进人民福祉是分不开的。他共计获得7枚列宁勋章，并于1978年荣膺"社会主义劳动英雄"称号。

但是，1965年经济改革后取得的成绩是短暂的。由于一味地采取国民经济管理的行政命令方式，加上一直以来以粗放式为主的经济发展模式，在70年代中期完成第九个五年计划后，白俄罗斯经济的负面现象开始增多。到70年代末

80年代初，在苏联整体国民经济已经到了危机边缘的大环境下，马谢罗夫也难以扭转白俄罗斯经济颓势。在人生最后的一段岁月里，马谢罗夫变得更为严苛，时时处于神经紧绷的状态。据大女儿娜塔莉亚回忆，马谢罗夫在生命的最后一年已经开始封闭自己，即使面对亲人们，也不愿意多作交流。许多人都明白，由于身居高位，他常常不得不口是心非，无法说出自己内心的真实想法，也无力对自己曾经深信不疑的事物表示反对。马谢罗夫看到了社会危机的开端，却对阻止它的来临回天乏术，因此内心十分苦闷。在他晚年，人们甚至能够直接从其脸上读出来这种自责和愧疚感。

05
致命的车祸

1980年10月4日14点35分，马谢罗夫走出白共中央大楼，准备前往鲍里索夫考察土豆收成情况。他坐上"海鸥"轿车，向日季诺方向驶去。马谢罗夫坐在副驾驶座上，后座则坐着负责安保的弗·切斯诺科夫上校。按照规章制度，开在"海鸥"轿车前面的应该是国家汽车检查局的车辆，而这次却是一辆带有扩音器但未安装闪光灯的白色"伏尔加"，国家交通运输监督局的车辆则被安排在车队后方行驶。

事故发生在明斯克—莫斯科公路干道上，靠近斯莫列维奇城外一个家禽场的转弯处。国家交通运输监督局的车辆在后方行驶，车队速度达到每小时100—120千米，车辆之间的距离是60—70米。迎面驶来一辆"玛兹牌"卡车，车队命令其停下。大卡车开始减速，但此时后面一辆满载土豆的自卸卡车赶了上来。车队突然提速，开在前面的"伏尔加"仅仅以几米的距离驶过了自卸卡车，而"海鸥"的司机却没来得及改变方向。两辆车以将近100千米的时速撞在了一起，"海鸥"轿车里的3人当场遇难，从卡车上倾泻的土豆填满了轿车厢。

这一悲剧的发生震惊了苏联全国。10月6日，苏联境内所有报刊的头版头条都刊登了这一消息，许多其他社会主义国家的媒体，比如匈牙利，则在事故发生的当天就对此事进行了报道。苏共中央、最高苏维埃主席团和苏联部长委员会沉痛地向全国宣布：党和国家的著名活动家、苏共中央政治局候补委员、白共中央第一书记、最高苏维埃主席团成员、苏联英雄、社会主义劳动英雄彼得·米罗诺维奇·马谢罗夫于1980年10月4日因车祸不幸遇难。

10月7日至8日，马谢罗夫的遗体告别仪式在白俄罗斯政府大楼里举行。政府大楼的入口处是飘扬的苏联国旗、白俄罗斯苏维埃社会主义共和国旗帜和写有悼念口号的标语。数千名从白俄罗斯各地赶来的群众一大早就来到这里和马谢罗夫告别。人们的眼睛里充满了惊恐和悲伤,他们无法相信前几天还面带笑容出现在大家面前的第一书记,如今却在鲜花簇拥下静静地躺在那里,再也起不来了。政府大楼周围人流密集,使得警察维持现场秩序都十分困难,很多人因没来得及见马谢罗夫最后一面而深感遗憾。

马谢罗夫生前经常对身边的人说:"我们应当为人民着想。"在担任白俄罗斯最高领导人的15年里,他身体力行,时时刻刻心系白俄罗斯人民,为国家的发展鞠躬尽瘁。而白俄罗斯人民也对这位杰出的领导人回馈以最赤诚和深沉的热爱。苏联著名女诗人叶卡捷琳娜·瓦西里耶夫娜·舍维廖娃在马谢罗夫去世后,为其创作了一首名为《共产党人》的长诗,其中一段无疑是对这种深厚情感最为诗意的描写和总结:

> 苦痛的种类有很多:
> 它可以像冰霜那样凝结,
> 成为郁结的愁思,使人止步不前。
> 或者……可以成为通向伟大的台阶!
> 悲泣如同巨石般沉重,
> 头顶灰色的乌云低垂……

深信光明会再度被创造,
哭泣吧,白俄罗斯,为了马谢罗夫!

2012年,白俄罗斯社会经济和政治独立研究所在白俄罗斯民众中做了一项社会调查,题为"以下哪位政治活动家最符合您心中完美政治家的形象?"。结果马谢罗夫排名第一,他的后面是卢卡申科、普京、彼得一世、叶卡捷琳娜二世等政治人物。在马谢罗夫去世32年后,白俄罗斯人民依然对他充满敬仰和热爱。

(作者王其然,华东师范大学外语学院俄语系硕士研究生)

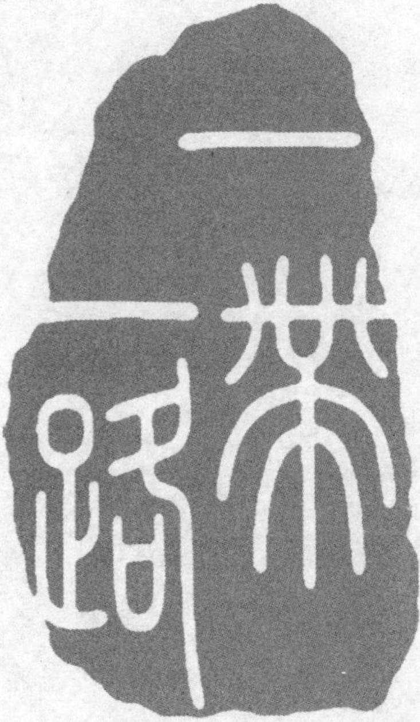

白俄罗斯早期文化的杰出代表

——弗朗齐斯科·斯科林纳

"一带一路"列国人物传系・白俄罗斯名人传

弗朗齐斯科·卢吉奇·斯科林纳（ФранцискЛукич Скорина，1490—1551），哲学博士、医学博士，东斯拉夫印刷事业奠基人、翻译家、人文哲学家、社会活动家、企业家、医学家和教育家。出生在波洛茨克（Полоцк）一个白俄罗斯商人家庭，优越的家庭环境使他受到了很好的教育。1504年在克拉科夫大学博雅学院学习。1512年他到意大利的帕多瓦时，已经是哲学博士，同年他在意大利的帕多瓦大学又获得医学博士学位。斯科林纳生活在文艺复兴时代，人文主义的精神对他影响很大，他立志通过出版书籍"为普通人服务"。

斯科林纳的出版事业得到了富人的赞助。在立陶宛大公国时期，出现了很多赞助科学文化事业的商人，1520年，斯科林纳在他们的帮助下，在立陶宛大公国首都创办了立陶宛第一家印刷厂。他先后翻译并出版了23本《圣经》方面书籍，这些书籍被冠以统一书名《罗斯圣经：来自光荣的波洛茨克之城的弗朗齐斯科·斯科林纳博士向上帝致以敬意并献给普通百姓治学之用》。

文艺复兴对民族语言的形成和民族文学创作起到了促进作用。斯科林纳将《圣经》翻译成白俄罗斯语，这促进了白俄罗斯民族标准语和白俄罗斯文字的创立和形成，使得白俄罗斯民族文化得以发扬，价值观得以建立。

除了翻译、出版《圣经》之外，斯科林纳的活动还涉及许多其他领域：他曾游历过欧洲国家，为国王做过秘书，给使团做过翻译。曾在维尔诺担任维尔诺主教的秘书并兼任其家庭医生。所以，斯科林纳不仅是东斯拉夫印刷事业奠基人、翻译家、人文哲学家，还是卓越的社会活动家、企业家、医学家和教育家。弗朗齐斯科·斯科林纳被认为是白俄罗斯有史以来最伟大的历史活动家之一，是白俄罗斯民族文化的象征，斯科林纳的著作是白俄罗斯民族文化的源头。

作为白俄罗斯印刷事业的奠基人，斯科林纳的遗产保存在很多国家，如俄罗斯、乌克兰、立陶宛、波兰、德国、捷克、斯洛伐克、丹麦、美国和英国，但是最主要的是，斯科林纳的精神遗产是白俄罗斯民族最珍贵的财富。作为白俄罗斯启蒙教育者，他的名字非常具有传奇色彩，很多艺术作品、文学著作和音乐作品都以他为主人公。很多学校和其他机构以他的名字命名，甚至国家最高奖项也以他的名字命名；在波洛茨克、明斯克、利达，俄罗斯的加里宁格勒和捷克的布拉格都为他树立了纪念碑。在其他一些国家，也有他的名字命名的商店、街道和广场。所以，可以说，斯科林纳属于整个世界。

01
白俄罗斯文化的杰出代表

弗朗齐斯科·斯科林纳是16世纪白俄罗斯文化的杰出代表，是白俄罗斯伟大的思想家，他对白俄罗斯精神文化的形成做出了突出的贡献，主要有以下几个方面：

（1）东斯拉夫文化的奠基人

斯科林纳是文艺复兴时期杰出的东斯拉夫人文主义思想家。他了解古斯拉夫哲学道德传统，即通过美好的道德理想来认识自然和社会。他试图将这一传统与西欧哲学文化和社会思想结合起来。早在立陶宛大公国进行人文改革运动前，斯科林纳就尝试在《圣经》的前言中论证宗教、道德以及某些社会机构改革的必要性，特别是法律及诉讼程序改革的必要性。他在白俄罗斯文化历史上奠定了哲学、社会文化思想和民族传统的人文复兴的方向。

斯科林纳作为文艺复兴时期的人文思想家，关注人与社会的问题并试图解决这些与传统的宗教观点不同的问题。斯科林纳和比他晚近四个世纪的俄罗斯伟大作家列夫·托尔斯泰一样，思考最主要的问题是：人应该怎样生活？怎样才能在个人生活和社会生活中不违背人的良心？什么样的道德价值和道德标准是应该遵守的？

16—17世纪，斯科林纳翻译的《圣经》在白俄罗斯、乌克兰、立陶宛及俄罗斯广受欢迎，对东斯拉夫民族社会意识和个人意识的形成和发展发挥了巨大作用。

（2）东斯拉夫印刷事业的奠基人

斯科林纳是东斯拉夫出版、印刷事业的奠基人，他创立了维尔诺印刷厂，该厂设计的字体和雕版装饰延续了一百多年。由他出版的书籍是世界文化史上的独特现象，遗憾的是现在世界上没有一家图书馆存有其全部原始版本。他印刷出版的书籍以教会斯拉夫语为基础，加上大量的白俄罗斯语，这些出版物对白俄罗斯语的形成发挥了重要的作用。

（3）白俄罗斯民族语言的保护者，翻译家

在斯科林纳生活的16世纪，形成了古白俄罗斯语标准语，在这一方面，斯科林纳功不可没。斯科林纳翻译、注释的《圣经》中不乏白俄罗斯语，这一方面有助于白俄罗斯人用自己的母语学习《圣经》，另一方面对保护由于历史原因被禁止使用的白俄罗斯语发挥了重要的作用，使得白俄罗斯语的特点得以保存，进而形成白俄罗斯标准语，同时也促进了独特的白俄罗斯民族文化的形成。

（4）白俄罗斯文学的先驱

在 16 世纪，白俄罗斯文学逐渐克服古罗斯传统单一的影响，与西欧文化的联系愈加紧密。作家们积极寻求新的文学思想和文学体裁，斯科林纳的印刷厂和白俄罗斯第一批作品的出版，对于新兴的白俄罗斯文学具有不可估量的意义。

斯科林纳对于白俄罗斯文学发展的直接贡献是他翻译的《圣经》和他在《序言》中做的大量注释。

在《序言》中，他耐心而饶有兴致地用大众语言向普通读者陈述、解释真理和概念，最大限度地使读者不仅了解、掌握简单的《圣经》知识，而且还能理解其丰富的内涵。

斯科林纳的《序言》语言轻松简明、构思简单、形式完整。在《序言》中没有任何多余的话语，没有豪言壮语，也没有长篇大论，而是直接切入实质问题。叙述风格自然从容，似格言警句。总之，从内容和形式上看，斯科林纳写的《序言》是完美的文学作品，为许多后续东斯拉夫作品树立了典范。

（5）伟大的爱国者，祖国的忠诚之子

斯科林纳把爱国主义提升到高尚的公民伦理美德层面。尽管他个人主要受西欧文化的影响，但他并没有像他的很多同胞那样被"拉丁化"，没有断绝与祖国的关系，没有失去民族独特性，而是用自己的知识竭尽全力为"普通俄语人"谋福祉，为自己的民族服务。

文艺复兴运动对白俄罗斯语言、文学、文化、教育都产生了深远的影响，斯科林纳努力将《圣经》大众化、普及化，充分发挥《圣经》在对人们进行博雅教育方面的作用。

02
坎坷的人生经历

弗朗齐斯科·斯科林纳1490年出生在波洛茨克（Полоцк）一个白俄罗斯商人家庭，他的父亲卢卡·斯科林纳做毛皮生意。

在斯科林纳出生的年代，波洛茨克是立陶宛大公国最大的一个城市，是经营手工业制品的贸易中心。斯科林纳最初在当地的教会学校接受教育，学习拉丁语。1504年，他来到波兰著名的城市克拉科夫，在克拉科夫大学博雅学院学习。克拉科夫大学的教授们对亚里士多德伦理道德知识的解读深深影响了斯科林纳。令斯科林纳印象尤其深刻的是关于国家利益应该高于个人利益，幸福就是积极参与到为了共同的福祉而开展的世俗活动等思想。斯科林纳还在大学学习期间，就对古希腊罗马的哲学家（柏拉图、西塞罗）表现出极大兴趣，他努力理解"亚里士多德本人"真正的思想。在15—16世纪交替之时，波兰中世纪教条的哲学文化受到文艺复兴时期人文主义观念的影响，逐渐形成了新的哲学观点，即哲学不仅是理论知识，而且能够启迪智慧并帮助人们解决面临的现实问题。这一思想成为白俄罗斯斯科林纳活动的基本动力。

1506年，斯科林纳在克拉科夫大学学习两年后毕业，获得硕士学位。1507年至1511年，他游历了欧洲一些国家，补充和扩大了自己在哲学和医学领域的知识。据说他曾为国王做过秘书，给使团做过翻译。1512年他到意大利的帕多瓦时，已经是哲学博士。然而，他还想获得医学博士学位。

1512年11月5日，在帕多瓦一个教堂举行当地最著名的艺术和医学博士大会上，斯科林纳请求对他进行考试，以便授予他医学博士学位。主席让参会的人投票，同意年轻人参加考试的，将票投入红色瓶子；不同意的人，将票投到绿色瓶子。结果是一致同意他参加考试。第二天，在就医学问题对他进行考问时，他做出了精彩的答辩，消除了人们对他的质疑。最后，所有学者一致认为他受到了很好的教育并有资格参加特别安排的医学考试。

11月9日，在帕多瓦大学最知名的学者和天主教教皇的见证下，举行了非常严格的考试，所有出席的学者无一例外地对斯科林纳进行了考试。最后，经过严格的规定程序，斯科林纳被授予医学博士学位。所以，斯科林纳称自己是哲学博士和医学博士。

斯科林纳在大学学习期间，就想通过出版书籍"为普通人服务"。他认为可以将神学书籍通俗化，让普通人通过学习《圣经》获得知识。于是他在帕多瓦考试结束后，没有耽搁，立刻回到祖国，试图引起维尔诺的富人对他计划的兴趣。斯科林纳在富人的支持下愿望达成，在得到他们的经济支持后，斯科林纳来到捷克首都布拉格，连续几年研究《圣经》，组织准备印刷出版工作。

选择布拉格首先是因为布拉格当时是欧洲发达的书籍印刷中心之一，是东斯拉夫印刷事业的摇篮，布拉格的印刷厂不仅有拉丁文与哥特字体，而且还有古斯拉夫字体。1513年在斯科林纳来到布拉格之前，这里已经开始出版犹太书籍。在1518年斯科林纳开始学习"布拉格课程"的一年里，古犹太语《摩西五经》面世，该书印刷精美。其次，捷克和白俄罗斯民族文化具有亲缘关系。根据18世纪末至19世纪初捷克最著名的斯拉夫学家约瑟夫·多布罗夫斯基对斯拉夫书籍印刷史的研究，当时在布拉格已经将《圣经》翻译为捷克语，这有助于斯科林纳翻译《圣经》的工作。再次，布拉格保持着15世纪捷克民族解放运动的传统，这一运动引起立陶宛大公国各阶层的热烈反响。

于是，在布拉格斯科林纳以1506年出版的捷克语的《圣经》为蓝本，将其翻译成俄语。1517年8月6日出版了他的第一本书《圣诗篇》。此后，1517至1519年，他又翻译并出版了22本圣经书籍（内容大部分来自《旧约》）。这23本圣经书籍被冠以统一书名《罗斯圣经：来自光荣的波洛茨克之城的弗朗齐斯科·斯科林纳博士向上帝致以敬意并献给普通百姓治学之用》。

但是，这些还远远不是他研究《圣经》的全部内容，在出版的圣经《旧约》中，他写了25篇前言和24篇后记。书中有大量插图，都是刻工精湛的版画；另外，对书眉、篇尾、段首字母、扉页也都进行了精美的装饰。书中还有精美的斯科林纳肖像版画。这些都表明斯科林纳对待神学书籍的非传统、自由、具有文艺复兴时期的人文精神态度。

1520年，斯科林纳离开布拉格，回到立陶宛大公国首都——维尔诺（即现在的立陶宛首都维尔纽斯，1918年前被称为维尔诺），并在地主亚基布·巴比奇的家中创办了立陶宛第一家印刷厂。在这里，1522年印刷出版了《旅行手册》，1525年《传道者》问世，这是斯科林纳的最后一部书，也是白俄罗斯印刷的第一批图书。

斯科林纳的出版事业也并非一帆风顺。

1525年，维尔诺印刷厂的赞助者之一尤里·奥德威尔尼克去世，斯科林纳娶其遗孀玛格丽特为妻，而后与妻子的亲戚产生了经济纠纷，并因此开始司法诉讼过程；另外，其他赞助者也接连去世，出版资助停止；1529年，斯科林纳的兄长伊万在波兹南（波兰的城市）去世，斯科林纳不得不去波兹南料理兄长的后事及遗产。1530年3月维尔诺遭受重大灾难，2/3的城市被火灾吞噬。16世纪20年代末至30年代初，斯科林纳还曾到莫斯科，商谈用俄语印刷出版图书的事情。这一切都有可能影响了斯科林纳的印刷出版事业的发展，直到最终被迫停止出版。

1530年斯科林纳来到柯尼斯堡（现在的俄罗斯城市加里宁格勒）的普鲁士公爵阿尔布雷赫特府邸，阿尔布雷赫特坚定地支持路德宗教改革。斯科林纳来到柯尼斯堡的具体目的不详，但他作为"拥有无可比拟的天赋和渊博知识的学者"受到热情接待。遗憾的是他并未停留太久，家庭原因和其他情况迫使斯科林纳很快返回维尔诺。在那里，他担任维尔诺主教的秘书，兼任其家庭医生。

1532年斯科林纳为处理维尔诺主教的事务再次来到波兹南。不幸的是，他受到了兄长伊万的债务牵连，债主有意借此机会，以斯科林纳隐藏和转移遗产为由，向他出具了一份412兹罗提的账单。因无力偿清债务，斯科林纳受到陷害被投入监狱。斯科林纳的侄子罗曼为了营救他，从国王处获得释放公文，将斯科林纳从狱中保释出来。在随后法庭的审判中，斯科林纳被宣告无罪。这一案件也影响了他的出版事业。

16世纪30年代中期，斯科林纳永远离开了祖国，他离开祖国可能是因为他的文化教育事业、他的思想没有得到社会的广泛支持。

斯科林纳不仅想使维尔诺成为立陶宛大公国的出版中心，而且致力于在其他国家传播其印刷作品。尤其在莫斯科公国，那里的印刷业还未起步，市场广阔。斯科林纳的出版活动得到富商波格丹·奥恩科夫的支持。但是斯科林纳在莫斯科的出版发行事业并不顺利。1862年的一份外交文件显示，1534年斯科林纳试图在莫斯科传播他印刷的作品，但以失败告终——其作品被当做异教材料烧毁。

大约在1535年，斯科林纳以医生的身份再次来到布拉格。

斯科林纳逝世的准确日期无法考证，多数学者根据1552年他的儿子来到布拉格继承遗产这件事推断，斯科林纳大约于1551年在布拉格去世。

03
生活在文艺复兴的时代

弗朗齐斯科·斯科林纳生活在文艺复兴时代，人文主义的精神对他产生了很大的影响。人文主义精神的核心是提出以人为中心而不是以神为中心，肯定人的价值和尊严，主张人生的目的是追求现实生活中的幸福，倡导个性解放，反对愚昧迷信的神学思想，认为人是现实生活的创造者和主人。

（1）白俄罗斯民族意识的形成

14—16世纪正是白俄罗斯民族意识形成的时期。白俄罗斯民族和俄罗斯、乌克兰民族有着共同的起源——古罗斯民族。白俄罗斯是在基辅罗斯消亡后，在古罗斯西部分支的基础上形成的。白俄罗斯民族和文化的形成与俄罗斯、乌克兰、立陶宛和波兰人民的经济、社会政治和文化生活有密切的关系。"白俄罗斯"（Белая Русь）和"白俄罗斯人（Белорусы）这两个概念长期和"罗斯、罗斯的"（Русь，русский）并存，后者不仅具有共同的东斯拉夫的意义，而且也具有西部罗斯（白俄罗斯）的意义。这些词常常被看做同义词。白俄罗斯的土地和白俄罗斯人也经常涵盖"立陶宛、立陶宛人"（Литва,литовцы）等概念。尽管如此，白俄罗斯民族仍然保留了很多自己部落、经济、民俗、语言和其他方面独有的特征。在斯科林纳的作品中，白俄罗斯作为一个独立民族的意识已经形成。

（2）多民族多宗教的立陶宛大公国及教派合并

立陶宛大公国不仅是一个多民族，而且也是多宗教的国家。其中最主要的民族白俄罗斯人和乌克兰人是信仰东正教的。应当指出的是，由于历史原因，部分白俄罗斯和乌克兰人也信奉天主教。在1386年之前立陶宛人信奉多神教，而生活在立陶宛大公国境内的犹太人和鞑靼人信奉犹太教和伊斯兰教。16世纪末，在白俄罗斯、乌克兰和立陶宛除了信奉东正教、天主教和新教外，还出现了教派合并（униатство），即东正教和天主教合并（унияправославнойикатолическойцерквей）。因为当时东正教和天主教之间出现了矛盾，支持两个宗教派别的社会势力虽然也有矛盾，但还没有尖锐化。梵蒂冈和耶稣会为了在白俄罗斯和乌克兰对人们施加影响，选择了在教皇的庇护下，将东正教和天主教合并。教派合并的积极倡议者是个别高级宗教人士代表，虽然广大市民和农民、大部分封建主、各阶层的宗教人士持反对态度，但是当地的封建主积极支持，因此，1569年在布列斯特通过了教派合并。实际上，教派合并带有强制的性质，关于这一点在16—18世纪白俄罗斯和乌克兰评论家的作品中都进行了明确的描述。

教派合并的推行，实质上是对白俄罗斯和乌克兰民族文化的波兰化，所以强制推行的教派合并受到了白俄罗斯和乌克兰社会的坚决抵制。保护东正教的斗争具有重要的意义，在这一斗争中，"斯拉夫兄弟"（指白俄罗斯和乌克兰人民）发挥了重要的作用。

（3）教育的普及化

15世纪末至16世纪初的宗教改革和社会变化对斯科林纳的世界观有很大的影响。斯拉夫兄弟民族信奉的最主要的宗教是东正教，强制推行的教派合并在16世纪后半叶遭到了白俄罗斯和乌克兰人民的反抗，斯拉夫兄弟开展了民族解放运动和反封建的斗争。

（4）古希腊罗马文化的影响

古希腊、罗马的文化对当时立陶宛大公国，其中包括部分文艺复兴时期的白俄罗斯精神生活的形成产生了很大的影响。当时古希腊罗马时期学者的著作非常流行，例如西塞罗的著作被翻译成教会斯拉夫语；人们开始学习拉丁语和希腊语，在中学课程中有古希腊罗马的哲学、历史、文学知识；在立陶宛大公国，思想家和社会活动家努力将自己国家的社会政治、哲学伦理思想与古希腊罗马的哲学文化相结合；他们对古希腊罗马的社会哲学思想进行改编，以便使其符合自己国家社会和宗教思想的需求。在世界观的斗争和社会道德改造的活动中，充分运用古希腊罗马哲学思想。

（5）发挥科学文化事业赞助商的作用

在斯科林纳生活的时代，还有一个非常重要的现象：在立陶宛大公国时期，出现了很多赞助科学文化事业的商人。白俄罗斯、乌克兰和立陶宛的很多封建主和富裕的市民出资成立学校、印刷厂,他们收集古代的手稿和书籍,创建图书馆;一些高官显贵把诗人、翻译家、艺术家召集到自己家里,全面支持他们的活动。斯科林纳就是在这种情况下开始印刷事业的。

(6) 白俄罗斯语在波兰立陶宛联合王国时期地位的变化

语言的重要性不仅体现在它是文化的承载者,而且还是形成人民价值观的重要因素。在14—15世纪,白俄罗斯语得到独立,并且成为立陶宛大公国的官方语言。1468年的卡齐米日法典和3版立陶宛大公国法规(1529年、1566年和1588年)都是由旧白俄罗斯语书写,直到1696年波兰立陶宛联合王国通过法令,规定所有的文件都要用波兰语撰写,人为地从统治阶级文化中取消白俄罗斯语,白俄罗斯语失去了官方语言的地位,这对白俄罗斯后来的精神生活产生了非常负面的影响。在白俄罗斯,统治阶层的代表开始使用拉丁语和波兰语来学习科学文化知识、哲学思想、古希腊罗马文化及文艺复兴时期人文主义思想。但是,很多白俄罗斯小贵族(шляхтичи)虽然信仰天主教,但是他们并没有放弃自己的母语,还继续在日常生活、家庭成员交往中使用白俄罗斯语。不过,真正的白俄罗斯民族文化的保护者是世世代代受到剥削和民族压迫的人民群众,他们善于保护母语,以母语为基础创作了自己的精神文化,其中最主要的表现形式是民间口头创作。

在斯科林纳生活的时代，白俄罗斯的民族独立意识开始形成，他为白俄罗斯语言文化，乃至文学的形成做出了突出的贡献；赞助商的支持使得他有可能将翻译的《圣经》出版并为白俄罗斯民众所熟知；同时他又借助对《圣经》的翻译和补充保留了白俄罗斯标准语的很多特点；他制定的第一个白俄罗斯教育大纲奠定了白俄罗斯教育的基础。但是，在宗教占重要地位的时代，斯科林纳的宗教观非常值得我们进一步详细论述。

04
人文主义者的宗教情怀

自 18 世纪至今，学者们一直在研究斯科林纳宗教信仰的倾向性问题。关于他到底信仰什么宗教，存在很多不同的说法。

斯科林纳信仰宗教，但是他信仰的宗教与正统的宗教有很大不同。有人认为斯科林纳是天主教徒，也有人认为，斯科林纳的信仰特点和活动证明他是新教徒，而正统的东正教派又指责斯科林纳与 16 世纪西欧社会政治性的宗教改革有着"不可容忍的联系"，教会合并（1439—1546 年波兰等国东正教与天主教的教会合并）称斯科林纳是胡斯（胡斯是15世纪捷克，包括斯洛伐克部分地区的宗教改革家）异信徒；还有一种观点认为，斯科林纳不属于任何教派，和任何宗教学说都没有关系。苏联学者В. И. 毕切娃（В. И. Пичева）认为，必须更广泛地从社会文化角度分析斯科林纳的活动，不能将这位白俄罗斯的人文主义者仅仅看做是属于哪一个宗教派别，斯科林纳的活动与时代改革的潮流有关。

在战后的1958年出版了第一部В. Н. 别尔采夫（В. Н. Перцев）专门研究斯科林纳的著作。作者认为，斯科林纳作为文艺复兴时代的思想家，其宗教信仰是矛盾的，他将中世纪教条的死板的成分和文艺复兴时期的人文主义成分有机结合在一起。

关于斯科林纳的宗教信仰和研究情况，我们总结如下：

（1）不恪守官方正统的东正教礼仪，而是让宗教为普通人服务。

斯科林纳不止一次地在自己的著作中证明，他的文化教育和出版活动都是指向普通的懂俄语的人，即主要是信仰东正教的白俄罗斯人、乌克兰人和俄罗斯人。斯科林纳的活动从来不按照官方的东正教教会的礼节循规蹈矩，所以不能把他列入东正教文化思想家传统的行为范式框架内。他翻译、注释《圣经》，消除对《圣经》解释时的一家之言。斯科林纳的这些活动是前所未有的，富有人文主义改革的特点，表现了文艺复兴时期的思想文化和宗教倾向。

（2）不属于某一专门的宗教流派，主张不同宗教对话。

斯科林纳的宗教研究和改革不属于任何宗教流派，但是应该肯定的是，他主要倾向于为东正教读者服务。与众不同的是，斯科林纳不是向读者灌输正统的东正教宗教哲学思想，他也从未公开声明自己与正统的东正教有分歧。他不把自己的研究同任何宗教流派结合到一起，主张在宗教世界里各种流派自由对话。

（3）进行宗教研究的语言是教会斯拉夫语。

关于斯科林纳研究宗教的语言，我们不能从纯语言学的角度去评价。斯科林纳是东斯拉夫人文主义者，他的语言对于评价他的文化哲学活动的性质具有原则性的意义。

斯科林纳认为自己使用的语言是"俄语"，他使用"俄语"这个概念具有独特的涵义。它是指俄罗斯、乌克兰和白俄罗斯，甚至包括波兰、立陶宛等东斯拉夫民族共同使用的教会斯拉夫语。第一个研究斯科林纳语言的俄罗斯学者 П. В. 弗拉基米洛夫（П. В. Владимиров）认为，斯科林纳的出版物是 16 世纪"白俄罗斯语的丰碑"，但与此同时，П. В. 弗拉基米洛夫并不否认斯科林纳的出版物也受到了教会斯拉夫语、捷克语和波兰语的影响。俄罗斯学者的结论也得到了白俄罗斯语言学家们的证实,其中白俄罗斯语言学家、斯拉夫学者 А. И. 朱拉夫斯基(А. И. Журавский)认为,斯科林纳的语言基本上是白俄罗斯语和教会斯拉夫语的结合,以教会斯拉夫语为主,应该说斯科林纳的翻译作品是用白俄罗斯文字书写的教会斯拉夫语。斯科林纳将《圣经》翻译成母语,这大大促进了人们的精神解放,对东斯拉夫民族自觉性的形成、文化的民主化发挥了重要的作用,使得文化从封建统治阶级的特权变成了社会各阶层广大人民群众的宝贵财富。

斯科林纳不仅对白俄罗斯哲学和社会政治思想的形成发挥了重要的作用,对白俄罗斯标准语的形成也做出了巨大的贡献,斯科林纳在俄罗斯、乌克兰和白俄罗斯精神文化历史中的作用是难以估量的。

(4)宗教与教育问题

虽然斯科林纳对《圣经》抱有崇敬的态度,但是,他对《圣经》的态度与众不同。他认为,《圣经》是启迪人们的智慧,对人们进行道德教育的著作。基于对《圣经》的这种态度,斯科林纳通过对《圣经》的注释、翻译,着重强调了《圣经》启迪人们智慧的作用。他在对圣经的叙述中加入了寓言故事,赋予《圣经》寓意和新的意义,突出强调了《圣经》的社会和道德哲学问题,而这些正是正统的宗教哲学家所故意忽略的,也是文艺复兴时期的人文主义思想家所推崇的。

（5）翻译出版大量宗教著作

在16世纪初期《圣经》的出版是东斯拉夫世界的重大事件，弗朗齐斯科·卢吉奇·斯科林纳终生致力于圣经书籍的翻译和出版工作。他出版的主要圣经书籍包括《圣诗篇》(1517)与其他22本圣经书籍，例如《约伯记》(1517)、《传道书》(1518)、《约书亚记》(1518)、《雅歌》(1518)、《创世记》(1519)、《出埃及记》(1519)、《民数记》(1519)、《申命记》(1519)、《路得记》(1519)、《但以理书》(1519)、《耶利米哀歌》(1519)、《以斯帖记》(1519)、《士师记》(1519)、《利未记》(1519)等。19世纪30—60年代，这些书籍由白俄罗斯传入莫斯科大学图书馆，其中，《约书亚记》《路得记》《士师纪》现藏于莫斯科国立大学高尔基科学图书馆中。

研究表明，弗朗齐斯科·斯科林纳的《圣经》于1517—1519年在布拉格出版，是西罗斯语版本，这是东斯拉夫世界的第一份印刷出版物。在该书的前言和后记中，斯科林纳揭示了圣经概念的深层含义，渗透着对合理有序的社会、人的教育、建立体面生活的关注。

《圣诗篇》出自旧约圣经，由大约150首歌曲组成，诗歌内容各异，包括赞颂上帝、祈祷、申诉、诅咒与历史评论等。由斯科林纳翻译并出版的《圣诗篇》是白俄罗斯第一本印刷书籍。几个世纪以来，它是俄罗斯、乌克兰和白俄罗斯受过良好教育的东正教人士必备的参考书。

《旅行手册》是一部受欢迎的、通俗的宗教作品，其目的是满足信徒、生意人与手工业者的阅读需求。《旅行手册》由7部分组成，既是"袖珍祈祷书"，又包括天文学领域的一些知识，具有科学性和实用性。在书中，斯科林纳对陈旧的儒略历做了一些修正。儒略历是旧罗马历法的一种，一年被划分为12个月，大小月交替；4年一闰，平年365日。由于实际使用过程中累积的误差随着时间越来越大，1582年教皇格里高利十三世颁布、推行了以儒略历为基础改善而来的格里历，即沿用至今的公历。在《旅行手册》中斯科林纳首次在东斯拉夫天文学中提出了对月食与日食的总结。《旅行手册》同斯科林纳其他作品一样，小巧便携、字体小而清晰、装帧精致、价格便宜，能够被普通市民或地主乡绅接受。《旅行手册》与布拉格出版的作品相比，在当时达到了更高的艺术水平。

1525年出版的《传道者》是斯科林纳的最后一本书，包括22个序言与17个后记，是同天主教徒辩论、解释基督教教义基本条款的重要工具。

弗朗齐斯科·斯科林纳被认为是白俄罗斯有史以来最伟大的历史活动家之一，是白俄罗斯民族文化的象征。斯科林纳的著作是白俄罗斯民族文化的源头。为了纪念他，白俄罗斯很多勋章和机构以他的名字命名，如：国家最高奖项；戈梅利大学、中央图书馆、教师进修学院、波洛茨克第一中学、明斯克第一中学、非政府公共协会"白俄罗斯语协会"等组织和实体；在波洛茨克、明斯克、利达、俄罗斯的加里宁格勒和捷克的布拉格还有为他树立的纪念碑。

（作者张惠芹，北京第二外国语学院俄语系教授；孔海萍，是北京第二外国语学院俄语系2016级研究生）

人民诗人

——扬卡·库帕拉

康帕拉
诗人戏剧家
翻译家

扬卡·库帕拉（Янка Купала，原名伊凡·多米尼科维奇·卢采维奇，Иван Доминикович Луцевич，1882—1942），白俄罗斯著名诗人、戏剧家和翻译家，斯大林奖、列宁勋章获得者，白俄罗斯科学院和乌克兰科学院院士。出生于白俄罗斯维亚泽恩卡村（今白俄罗斯明斯克州境内）一个破落的波兰小贵族家庭。

1902年父亲去世，家庭生活的重担落到了刚刚20岁的库帕拉身上。他先后从事过家庭教师、文书、林业区工人、商店店员、酿酒厂杂工等职业。1905年库帕拉在明斯克报纸《西北边区》（Северо-западный край）上发表了自己的诗歌《庄稼汉》（Мужик）。以此为起点，开启了他的文学创作生涯。1915年库帕拉前往莫斯科学习，那时正是第一次世界大战的战火延烧到莫斯科不久，帕拉响应号召入伍。1922年，库帕拉同雅库布·科拉斯等人一起创办了白俄罗斯文学院，还创办了一本杂志——《火焰》。该杂志于1922年12月发行了第一期。虽然得到官方意识形态的认可，但库帕拉在1920年至1930年这10年间，仍遭受了诸多磨难。1942年扬卡·库帕拉在莫斯科离世，死神永久地夺去了他宝贵的生命。

扬卡·库帕拉为白俄罗斯文学留下了宝贵的财富，他的创作、出版的作品有抒情诗集《牧笛》《古斯里琴手》《遗产》《发自内心》等；除了诗集外，库帕拉还创作了一系列优秀的哲理长诗、浪漫主义长诗以及抒情长诗，其中最著名的有《永恒的歌》《古墓》《狮子的墓地》《班达罗夫娜》《奥列莎河边》《塔拉斯的命运》等；还有四部戏剧作品《巴甫琳卡》《毁坏的家园》《倒插门女婿》以及《本地人》。

作为诗歌翻译学派的创始人，扬卡·库帕拉为其他国家文学在白俄罗斯的传播做出了杰出的贡献，俄罗斯诗人普希金的长诗《青铜骑士》、乌克兰诗人舍甫琴科的诗歌《科布扎里》、乌克兰诗人巴利舒克的长诗《列宁》以及欧仁·鲍狄埃《国际歌》的白俄罗斯文版本都出自库帕拉之手。

扬卡·库帕拉创作的主题丰富多样，不仅有表现社会不公、地主剥削的主题，也有写对处在历史转折点中人民的关注，随着苏联政府的建立还出现了期待光明未来的主题。其语言朴实明快，感情真挚丰富，音调铿锵婉转，令人荡气回肠。

诗人的第一本诗集《牧笛》问世代表着白俄罗斯文学出现了独树一帜的抒情诗人、苦难人民的歌手、革命群众的代言人。长诗《古墓》中刻画的一系列宁死不屈、视死如归的勇士形象，表达了劳动人民对自由的憧憬与渴望；《巴甫琳卡》等戏剧里的戏剧冲突，浓郁的民族色彩，鲜明丰富的民间口语被白俄罗斯剧作家奉为楷模；长诗《奥列莎河边》是对苏维埃人民战胜自然的歌颂；长诗《塔拉斯的命运》热情讴歌了乌克兰伟大诗人舍甫琴科不屈不挠的意志、大无畏的精神气概。戏剧《古墓上的梦》是扬卡·库帕拉最伟大的创作之一，是当时白俄罗斯人民贫苦生活的象征，作家在作品中试图揭示产生这种现象的深层原因。扬卡·库帕拉的这一系列作品是白俄罗斯文学的瑰宝。

扬卡·库帕拉被誉为现代白俄罗斯文学的奠基人。他是白俄罗斯文学史上的革新诗人，民歌戏剧的奠基人，诗歌翻译白俄罗斯学派的创始人。他与同时期的雅库布·科拉斯是白俄罗斯革命民主主义文学最伟大的代表，他们的文学创作使白俄罗斯文学达到其他斯拉夫民族文学的水平。因其文学创作真实反映人民生活，促使人民觉悟提高，引领人民从精神上肯定自己，1925 年，白俄罗斯人民委员会授予扬卡·库帕拉白俄罗斯"人民诗人"荣誉称号，他是首位被授予此称号的白俄罗斯诗人。

01
理想的种子在磨难中萌芽

扬卡·库帕拉 1882 年出生在白俄罗斯明斯克州莫洛杰奇诺年斯基区维亚泽恩卡村（Вязынка），原名伊凡·多米尼科维奇·卢采维奇（Иван Доминикович Луцевич）。父亲是破落的波兰小贵族，靠租赁土地为生。家中还有6个兄弟姐妹。为了糊口和交租，一家人不得不辛勤劳作。作为长兄的库帕拉很小就开始同父亲一起劳动，以减轻家里的生活负担。

1902年，成年不久的库帕拉接连遭遇不幸：父亲离世，半年之后，猩红热又夺去了兄弟和两个妹妹的生命。安葬两个妹妹的时候，天主教教士（库帕拉的家人曾经信奉白俄罗斯的天主教）以一份费用只能埋一个人为由，要求库帕拉交两份钱才肯安葬他的妹妹。从此库帕拉彻底放弃了天主教信仰。

父亲去世后，库帕拉肩负起照顾母亲和姊妹们的责任，但他并不想重复父亲的命运。失去至亲让他感到悲痛，一无所有的生活状态更让他为自己的前途感到迷茫和担忧。同俄罗斯伟大作家高尔基一样，他开始了在人间大学的漂泊生涯。库帕拉先后做过家庭教师、法庭文书、林业区工人、商店店员和酿酒厂杂工等。

物质生活贫困，失去至亲，对宗教信仰感到绝望，过早肩负起家庭的重担——这些不幸和坎坷的生活经历使库帕拉形成了自己的世界观和人生观，成为他文学创作思想的起源，也是他民主思想的根源。底层的生活经历使他更加亲近人民，了解人民的生活状态，开始思考白俄罗斯人民的出路问题。

迫于生活压力，库帕拉在学校学习的时间很短，先后在四所学校接受过教育：第一次是1889年在谢尼察村（деревняСенница）的子弟小学接受过几个月的初等教育；第二次是1897年在白洛鲁奇村（село Белоручи）的人民中学度过不到一年的中学时光，取得了中学毕业证书；1909至1913年期间，在彼得堡的切尔尼亚耶夫普通教育预科班接受系统教育；1915年在莫斯科城市人民大学求学期间，正值第一次世界大战。库帕拉响应号召，于1916年参军，中断了学习生涯。

短暂的校园学习生涯给予库帕拉的知识毕竟有限，他能成为伟大诗人，在很大程度上归功于他从小养成的阅读习惯，以及从白俄罗斯丰富的民间口头创作中吸取的营养。早期的文学启蒙加上勤奋努力的自学，使他渐渐踏上文学道路。

库帕拉小时候特别喜欢看书，就是干农活时也不忘读书。一有闲暇就拿起书本，出去牧马时，也会随身携带几本书。白天看，晚上也就着篝火或月光阅读。给热爱阅读的库帕拉打开通往文学世界大门的是波兰民主派地主契诃维奇（С.Чехович），这位开明的地主很喜欢看书，所以很欣赏热爱阅读的库帕拉，允许他借阅自己的藏书。库帕拉在这里读到了普希金、莱蒙托夫、乌斯宾斯基、萨尔蒂科夫·谢德林、舍甫琴科、高尔基等伟大作家的作品，偶尔还读到一些反对沙皇制度的禁书。这是库帕拉第一次感受到文学作品的政治力量：文人可以拿起笔来反对社会不公，可以通过笔下的作品号召人们去追求自己的幸福。这促使库帕拉也拿起笔来，开始更加清醒地审视周围的世界。他一直关注并学习俄罗斯优秀的文学作品，涅克拉索夫长诗中的公民性，高尔基流浪汉小说中底层人物的生活状态和精神状态，普希金创作的有关十二月党人起义和卫国战争的作品，都影响着库帕拉后期的文学创作。

孩童时期，白俄罗斯丰富多彩的民歌和童话深深吸引着年幼的库帕拉，给他留下了不可磨灭的印象。诗人的妹妹曾回忆这段往事，库帕拉的自传中也曾提及，他小时候对民歌和童话故事极其痴迷，为了听别人讲故事，形影不离地跟在讲故事的人后面。为了听到更多的故事，年幼的库帕拉会从家里悄悄拿出食用油和奶酪送给讲故事的人。库帕拉和父亲在赛利谢（Селище）工作的时候，遇到一个常给他讲故事的人，对方看见库帕拉如此痴迷于民间故事和民歌，就鼓励他进行文学创作，这个人可以说是库帕拉文学创作的启蒙老师。

白俄罗斯的民歌和民间童话故事是民间口头创作的一部分，是最古老的艺术形式。农民平凡的日常生活，人类战胜环境艰险的渴望，祈求神灵保佑安康的美好愿望，等等，构成了民歌和民间故事的主要内容。库帕拉自幼喜欢听民歌和童话故事。民歌悠扬婉转的旋律，回旋复沓的节奏，简洁朴实的语言深深地吸引着他。民歌以音乐的方式激发人们的情感，唤起人们对美的感受，引发对理性的沉思。这始终影响着库帕拉的创作。幼年培养起来的对民间故事和民歌的热爱，使他受益终生，也为他后来的创作带来源源不断的灵感。

02

时代斗争中的人民诗人

库帕拉生长在苏维埃革命的年代，他以笔为武器投入火热的时代斗争中。

1905年，库帕拉在明斯克进步报纸《西北边区》上发表了自己的诗歌《庄稼汉》。这被视为库帕拉踏入文坛的开端，也是他进行一系列社会文化活动的开端。1907年，库帕拉开始在《我们的田野》（Наша Нива）报社编辑部工作，后来又多次在这家报社任编辑。《我们的田野》报（1906年11月—1915年8月）为白俄罗斯标准语的普及与发展做出了重要贡献，推动了民族运动的发展。这里是库帕拉和同时期民主知识分子雅库布·科拉斯、马克西姆·博格达诺维奇、安东·列维茨基、亚历山大·普鲁申斯基等作家发表文学作品的前沿阵地。

1908年，库帕拉在维尔诺（立陶宛城市，即今维尔纽斯，Вильно）的图书馆谋得图书管理员的职位。1909年库帕拉来到彼得堡，在这里结识了对他创作有重大影响的作家和戏剧家雅库布·科拉斯、阿洛伊扎·帕什克维奇（Алоиза Степанович Пашкевич，1876—1916，笔名乔特卡，Тётка，白俄罗斯第一位女革命诗人、散文家、教育家、社会政治活动家、演员）、伊格纳特·布依尼茨基（伊格纳特·捷连基耶维奇·布依尼茨基，Игнат Терентьевич Буйницкий，1861—1917，白俄罗斯戏剧家，被誉为白俄罗斯戏剧之父）、瓦列里·勃留索夫（Валерий Яковлевич Брюсов，1873—1924，诗人、小说家、翻译家）等。库帕拉和科拉斯一起，为白俄罗斯文学的发展和传播做出了很大贡献，他们的创作，使白俄罗斯文学达到其他斯拉夫民族文学的水平。乔特卡对戏剧的热爱，伊格纳特·布依尼茨基为创建白俄罗斯戏剧和喜剧协会所做出的努力影响并感染了库帕拉，使他意识到应该创作属于白俄罗斯民族的戏剧作品。象征派诗人瓦列里·勃留索夫第一个执笔将库帕拉的作品翻译成俄语，使库帕拉作品在俄罗斯得到传播。

1913年，库帕拉离开彼得堡，再次回到维尔诺，先是在白俄罗斯出版社当秘书，后到《我们的田野》报社任编辑，一直到1915年离开维尔诺到莫斯科求学。当时正值第一次世界大战，库帕拉于1916年参军，在华沙区道路建设队当筑路工人，跟随队伍去明斯克、波洛茨克。1917年十月革命爆发时，库帕拉正在斯摩棱斯克。

1905年至1917年，是库帕拉独立探索人生道路的时期。这12年也是白俄罗斯历史上政治最动荡的时期之一，经历了1905年革命和1917年的二月革命和十月革命。库帕拉积极参加社会活动，在彼得堡刻苦学习，弥补小时候教育的缺失。他曾经参军，因此了解军队生活。他亲眼目睹了工人阶级反抗资产阶级的斗争。他参加到革命运动中，深受社会民主主义思想和马克思主义思想的影响，形成了革命民主主义的世界观，人民与人民的自由成为库帕拉文学作品的核心主题。

1918年，库帕拉被编入斯摩棱斯克西区供应科做代理人。1919年，他迁居明斯克，在白俄罗斯人民之家人民教育委员会做图书管理员。1920年因阑尾炎发作，在医院治病。1922年，同雅库布·科拉斯、阿尔卡季·斯默利奇等人一起创办了白俄罗斯文学院，并同科拉斯一起在明斯克创办《火焰》杂志，于1922年12月发行了第一期。以《火焰》杂志编辑部为中心，集结了一大批优秀的白俄罗斯作家，从1934年起，《火焰》杂志成为白俄罗斯苏维埃社会主义共和国机关刊物。库帕拉的创作真实反映了人民的生活，成为白俄罗斯人民争取美好未来的有力武器。1925 年，为表彰库帕拉，白俄罗斯人民委员会授予他"人民诗人"的荣誉称号，库帕拉是第一位被授予此称号的白俄罗斯诗人。1928 年他当选为白俄罗斯科学院院士，1929 年当选为乌克兰科学院院士，同年当选为第九届白俄罗斯中央执行委员会委员。

库帕拉在 1920 年至 1930 年这 10 年间经历了很多磨难。因其作品中的民族主义思想，他被认为政治上不可靠，被莫须有地指控曾支持并加入白俄罗斯的民族解放组织。他的悲喜剧《本地人》因民族主义思想而被禁演。这部作品的波兰语译本也引起波兰沙文主义者的抗议，为此诗人长期受到苏联国家政治安全局审问。库帕拉曾试图自杀，他在写给白俄罗斯苏维埃社会主义共和国主席亚历山大·切尔维亚科夫的信中说到："显而易见，这是诗人的命运，叶赛宁自缢，马雅可夫斯基用枪自杀，现在我也要追寻他们的路而去。"在库帕拉饱受迫害、情绪最为低落的时候，是他的妻子陪伴他度过了最艰难的日子。

1939 年，为表彰库帕拉"为发展苏联文学所取得的成就"，苏联政府授予他列宁勋章。同年他当选为明斯克城市委员会的代表。1940 年，库帕拉被选为白俄罗斯最高苏维埃代表。1941 年，库帕拉的诗集《发自内心》因抒发了诗人对共青团和苏维埃年轻人慈父般的关爱,被授予苏联国家奖;1942年,参加白俄罗斯科学院在喀山举办的科学会议,发表题为"卫国战争与白俄罗斯知识分子"的报告,引起极大反响。同年6月28日,库帕拉在莫斯科去世。1962年,库帕拉的骨灰盒被送回明斯克,埋葬在明斯克军事公墓,诗人终于回到白俄罗斯这片他深爱的土地上。

03
白俄罗斯文学史上的创新型诗人

(1)作为诗人的库帕拉

早在1903年,库帕拉用波兰文创作的几首诗歌以笔名"K-a"先后发表在《萌芽》杂志上。1905年库帕拉向明斯克的俄罗斯报纸《西北边区》编辑部寄去自己用白俄罗斯文创作的诗歌《庄稼汉》,这首诗得到编辑部高度评价,并于1905年5月15日刊登在报纸的头版。这首诗的成功发表,被认为是库帕拉踏入文坛的开始。1907年5月,白俄罗斯报纸《我们的田野》刊登了库帕拉的第二首诗《致割草人》(Косцу)。此后,他的诗歌开始经常出现在《我们的田野》报纸上。1908年,彼得堡的白俄罗斯出版协会"阳光照我家"

出版了库帕拉的第一本诗集《牧笛》（Жалейка）。此后，他陆续出版了 6 本诗集，分别是《古斯里琴手》（Гусляр，1910 年）、《沿着生活的道路》（Дорогой жизни，1913 年）、《遗产》（Наследие，1922 年）、《献给建设的歌》（Песня строительству，1936 年）、《献给获得勋章的白俄罗斯》（Белоруссииорденоносной，1937 年）、《发自内心》（Отсердца，1941 年）。

除 6 本诗集外，库帕拉还创作了大量优秀的长诗，其中流传最广的有《在冬季》（Зимой，1906）、象征主义哲理长诗《永恒的歌》（Извечная песня，1910）、《古墓》（Курган，1910）、戏剧长诗《古墓上的梦》（Сон накургане，1910）、浪漫主义长诗《班达洛夫娜》（Бондаровна，1913）、《狮子的坟墓》（Могила льва，1913）、《她和我》（Онаи я，1913）、《无名氏》（Безымянное，1924）、《奥列莎河边》（Надрекой Орессой，1933）、《塔拉斯的命运》（Тарасовадоля，1939）等。

库帕拉创作的诗歌主题丰富，情感激昂，善于将自己对生活的思考融入作品中。早年的人生经验为库帕拉的创作提供了生动厚实的素材，也培养了他作为一个农民的儿子为农民争取权利的责任感。时代变迁、国家乃至世界发生的重大历史事件促使他思考民族命运，其作品中体现出强烈的民族意识。库帕拉的文学创作极大地丰富了白俄罗斯文学的题材和艺术表现形式,为白俄罗斯文学注入了新的生命力,被誉为白俄罗斯文学史上的创新型诗人。

(2) 库帕拉诗歌的人民性

展现白俄罗斯人民的生活状态,表达他们的思想、情感与愿望,是库帕拉诗歌创作的主要内容之一。《庄稼汉》不仅揭示了白俄罗斯农民生活的艰辛,而且借农民之口,肯定了农民作为人的尊严和价值。他的诗歌中有这样的宣言:"虽然我是一个农民,但我也是一个人。"呼吁人们尊重他人,肯定每个人都有过美好生活的权利。

《古墓》讲述了一位年迈的古斯里琴手,因其反映现实的歌曲触怒了统治者,遭到迫害。最后歌手宁愿选择牺牲,也不愿放弃自己的歌。一名平凡的民间歌手所表现出的捍卫自由的勇气和为人性尊严不惜牺牲生命的精神鼓舞了同时代的普通大众。

长诗《在冬季》讲述了农村姑娘甘娜的苦难生活经历:她的丈夫被抓去充军,她一人独自抚养孩子,最后却不幸冻死在田野。在生命的最后时刻,甘娜的眼前浮现出她悲苦艰难的一生。这首长诗在创作主题和情节结构上,与涅克拉索夫的长诗《严寒,通红的鼻子》相似:诗人都是站在人民的立场,以劳动妇女的人生经历来展现底层人民的生活境遇。

诗歌《谁在那里走？》曾被高尔基评价为"一首白俄罗斯人民的颂歌"，在很长一段时间内被当作白俄罗斯非官方国歌广为传颂：

> 走在沼泽和森林的
> 那一大群人是谁？
> ——他们是白俄罗斯人。

> 他们瘦弱的肩上扛的是什么，
> 他们干瘪的手上拿的又是什么？
> ——是屈辱。

> 他们要把屈辱拿到哪里去，
> 他们要把屈辱拿给谁？
> ——拿到上帝那里去。
> ……
> 他们现在想干什么，
> 被压迫了数个世纪的他们
> 已经耳不聪目不明了吗？
> ——他们想被称作人。

库帕拉的抒情诗，充满了对祖国大地的热爱，凝聚着对广大劳动人民命运的思考，反映了白俄罗斯人民日益增长的自我意识，表达了人民奋起争取新生活的决心。

（3）库帕拉诗歌的民族性

诗歌《斯捷潘·布拉特之死》（На смерть Степана Булата，1921）讲述了白俄罗斯社会活动家斯捷潘·布拉特参加反对波兰资产阶级占领白俄罗斯的爱国运动并英勇牺牲的故事。

长诗《塔拉斯的命运》歌颂了乌克兰诗人塔拉斯·舍甫琴科（Тарас Шевченко，1814—1861，乌克兰诗人及艺术家）不屈不挠的坚强意志、奋不顾身的斗争精神和大无畏的英雄气概。库帕拉作品中塑造了一系列为真理和尊严而不畏强权，甚至不惜牺牲生命的民族英雄形象，使他们能够长久活在人民心中。

库帕拉始终坚持用白俄罗斯语创作，这也是他作品民族性的体现。白俄罗斯民族作为东斯拉夫民族的一支，在几个世纪中分别被立陶宛、波兰、俄罗斯统治，使白俄罗斯民族的官方语言——白俄罗斯语的普及受到限制。革命民主主义作家鲍古舍维奇的作品让库帕拉意识到，应该用白俄罗斯语进行创作："我曾读过鲍古舍维奇和杜宁·马尔钦凯维奇的书……我意识到，用白俄罗斯文写的书并不差，因为他们描写了我亲近的、一同劳动的人的苦难。1904 年我看到了用白俄罗斯语写的传单和小册子,这使我最终决定,我是白俄罗斯人,我唯一的使命是全心全意为自己的人民服务。"他创作的赞美白俄罗斯语的诗歌《母语》(Родное слово,1908),表达了白俄罗斯人民热爱自己民族语言的情感。

> 强大的语言,你,母语
> 在现实与梦中陪伴着我;
> 用新的声响激发我的心灵,
> 教导我,让我学会歌唱。

> 不朽的语言,你,母语
> 能战胜委屈和谎言;
> 虽然他们驱赶你,给你戴上镣铐,
> 但这一切都是徒劳:
> 你活着,就和过去活着一样……

诗人用了"强大的、不朽的"等形容词来形容自己的母语——白俄罗斯语。在讴歌母语、强调其意义的同时,也指出了母语所处的困境。他的作品让白俄罗斯人民深切感受到白俄罗斯语的优美和强大的生命力。

（4）库帕拉诗歌的政治特征

除反映人民日常生活和精神面貌外，人民参加革命和社会主义建设的内容也是库帕拉诗歌的重要主题。库帕拉亲身经历了两次革命和苏维埃社会主义建设，其作品描述了重大历史事件在白俄罗斯人民生活中的影响，渗透着强烈的民族意识。这些都使其创作呈现出鲜明的政治特征。

在《致雏鹰》（Орлятам）中，诗人召唤人民大众去拥抱新生活：

> 盼望已久的时刻终于来临
> 是勇敢走出迷雾
> 拥抱自由的时候了
> 白俄罗斯人民。

《我是集体农庄女庄员》（Я — колхозница）描写了革命之后集体农庄人民幸福的生活：

> 我是年轻的
> 集体农庄女庄员
> 我的生活快乐无比
> 不知不幸为何物。

《在我们的田野上》(В нашем поле)的诗歌中诗人写道:

  在集体农庄的田野上
  在自由自在的田野上
  日子快乐自由地
  飞逝。

  诗歌《儿子们》(Сыновья)、《两姊妹》(Две сестры)展现了白俄罗斯人民在共产党领导下实现工业化的生活场景。诗歌《发自内心》(От сердца)抒发了诗人对共青团和苏维埃年轻人的关爱。《儿子来做客》(Сын приехал в гости)、《你听,我们的元帅》(Ты слушай, наш маршал)表达了对红军英勇的赞叹。

  诗人在长诗《奥列莎河边》中,既宏观勾勒又不失细节地展现了苏维埃人民为建设社会主义所付出的努力,诗人将新旧波列西耶进行对比,真实地再现了白俄罗斯社会变革的场景。长诗的主人公是一群勤劳勇敢、充满活力的国营农场工作人员,他们充满对新生活的热烈渴望。在描写人民革命后生活的作品中,诗人以极大的热情呼吁人们加入到社会主义建设队伍中,参加到新生活的建设中。

（5）库帕拉诗歌的民间创作特点

库帕拉自幼在民间口头创作的氛围中成长，这使其诗歌创作带有浓厚的民间口头创作色彩，意象亲切优美，语言朴实自然，情感真挚淳朴，读起来朗朗上口。在《傍晚的祈祷》（Вечерняя молитва）中，诗人使用了大量农民熟悉的生活意象：

> 夏日的太阳藏起了镰刀的锋芒
> 天上的玫瑰也不敢再绽放。

以农民熟悉的劳作工具镰刀和自然中常见的玫瑰等意象，生动再现了黄昏的景象。此外，库帕拉的诗歌题目经常用呼语，如《啊，吹吧，风……》（Ой, повей, ветер!…）、《我的歌呀，我的歌……》（Песни мои, песни…）。这种日常生活中使用的口语和重复，在诗人的诗歌中，唤起了亲切熟悉的感受，在回旋复沓中烘托出浓厚的生活气息。这种朴素的旋律和节奏，无不得益于民间口头文学创作。

谈及库帕拉诗歌创作的民间口头创作色彩，还值得一提的是，库帕拉在使用扬卡·库帕拉这个笔名之前，曾用过"列维·亚努克·兹－帕德·明斯卡"等笔名。在《致割草人》出版以后，诗人决定用扬卡·库帕拉为自己以后的作品署名，因为诗人出生的这一天，6月25日，正值斯拉夫民族的传统节日——伊凡·库帕拉节。在斯拉夫民族的传说中，这是古斯拉夫多神教祭拜夏至和丰收之神库帕拉的盛大节日，后来与基督教的施洗约翰诞生日合二为一，作为祈求丰收、健康和幸福的节日。诗人年轻的时候，白俄罗斯大大小小的村庄都会庆祝伊凡·库帕拉节，姑娘和小伙子们在树林里燃起篝火，一起唱歌跳环舞（斯拉夫民族的一种民间集体舞，围成圆圈边歌边舞）。相传人要是在这天晚上找到当夜盛开的一种蕨花，梦想就会成真。斯拉夫民族有很多美丽的传说和歌曲都与这个节日有关，这也是人民熟悉的民间诗歌中的形象之一。扬卡·库帕拉这个笔名，表达了诗人对民间文学的热爱和传承。

（6）作为剧作家的库帕拉

库帕拉也是白俄罗斯优秀的戏剧家。他先后创作过四部作品，分别是喜剧《巴甫琳卡》（Павлинка，1912）、悲剧《毁坏的家园》（Разоренноегнездо，1913）、喜剧《倒插门女婿》（Примаки，1913）、悲喜剧《本地人》（Здешние，1922）。这几部作品为创建白俄罗斯人民剧院做出了巨大贡献。他是白俄罗斯戏剧史上的革新者，发起了"艺术要走到人民大众中去"的号召，被誉为白俄罗斯民歌戏剧的奠基人。

库帕拉在彼得堡学习期间，被戏剧吸引，激发了创作灵感。他几乎每周都去参加白俄罗斯科学研究文学小组举办的聚会，在这里结识了白俄罗斯第一位女革命诗人乔特卡，以及白俄罗斯第一个职业剧团的创建者伊格纳特·布依尼茨基。乔特卡对戏剧的热爱感染了库帕拉，使他意识到要创作属于白俄罗斯人民自己的戏剧。布依尼茨基剧团的表演，更使库帕拉激动不已。彼得堡上演的每场剧库帕拉都去看，让他印象最为深刻的作品是高尔基的《在底层》和《太阳的孩子们》。库帕拉的妻子曾这样回忆库帕拉对戏剧的热爱："库帕拉喜欢的休息方式是看剧和听音乐，为了去剧院看戏或者听音乐会，他会连饭都顾不上吃。"

1912年，库帕拉的喜剧《巴甫琳卡》（Павлинка）创作完成，故事讲述了年轻人恋爱的故事。作品的同名主人公是一个富裕农庄庄园主的女儿，她聪慧、勇敢，热爱生活。她的父亲想把女儿嫁给自傲愚蠢的波兰小贵族阿道夫，因为父亲误以为阿道夫很富有，和女儿门当户对。但女儿巴甫琳卡已有了心上人，是出生贫苦农民的亚基姆。巴甫琳卡得不到父亲的理解，决定离家出走嫁给亚基姆。库帕拉在这部作品中，塑造了鲜明的人物形象，嘲笑了小贵族的庸俗趣味，以及贵族阶层的嫌贫爱富和冷漠无情。作品中的两个正面人物形象是两个年轻的恋人，都热爱民歌，亚基姆是才华出众的民间诗人，用诗歌歌唱普通农民的优秀品质；巴甫琳卡因喜欢民歌而爱上了出身贫穷的民歌诗人。这部作品充满民歌、俗语和谚语，库帕拉通过舞台表演的方式颂扬白俄罗斯民间文学创作。剧作《巴甫琳卡》在白俄罗斯戏剧舞台上经久不衰，1952年和1972年，还被拍成电影上映。

1913年秋天，库帕拉完成了自己第二部戏剧作品——五幕悲剧《毁坏的家园》，不同于充满日常喜剧元素的《巴甫琳卡》，《毁坏的家园》是一部纯粹的社会悲剧。戏剧的中心人物西蒙·贾布利克是"新兴白俄罗斯"的代表，捍卫土地和自由，追求新的生活秩序。父亲去世之后，西蒙拒绝离开父辈的家园，同地主打官司，以法律捍卫自己的权益，但毫无结果。愤怒的西蒙放火烧了地主的庄园，离开家乡投身革命。剧中另外一个重要人物是西蒙的妹妹佐西，经不住地主家少爷的哄骗，狂热地爱上这个荒淫无耻的少爷，造成了自己的人生悲剧。佐西与家族的不幸遭遇共同构筑了家园被毁的悲剧。戏剧结尾处，痛苦的佐西最终认清现实，与哥哥一样走上了革命道路。

1913年底库帕拉创作完成了第三部作品喜剧《倒插门女婿》的创作。故事讲述了两个爱喝酒的农民朋友马克西姆·库塔斯和特罗菲姆·西尼察在一次狂饮之后，回错了家，上错了床。酒醒后，经历了最初慌乱和害怕后，为了不让事情败露，两对夫妇决定让双方的儿子和女儿订婚，当做没有发生过这件事。更可笑的是，经历过这件事之后，两对夫妇都对对方更加友善。这部作品嘲笑了那些无节制酗酒的人，展现了部分农民荒唐的家庭生活。其特有的民间幽默和富有表现力的白俄罗斯口语，以及出色的舞台效果，使其在白俄罗斯戏剧中占有独特的位置。

库帕拉1922年创作完成的悲喜剧《本地人》是他在十月革命之后创作的唯一的戏剧作品，也是最富争议的一部作品。作家在描述社会历史变迁时，表现出很深的民族意识，展现了白俄罗斯人经历苦难后逐渐觉醒的民族意识。这部作品为库帕拉带来了极大的声誉，但也因为作品表现出来的民族主义情绪，在长达60多年的时间里被禁止出版和上演。

库帕拉是第一个在白俄罗斯戏剧作品中塑造正面人物形象的剧作家，他笔下的主人公巴甫琳卡和西蒙等形象至今仍然活跃在戏剧舞台上。

（7）作为翻译家的库帕拉

作为诗歌翻译白俄罗斯学派的创始人，库帕拉是最早一批将俄罗斯、乌克兰、波兰作家的作品翻译介绍到白俄罗斯来的人之一。他将普希金的《青铜骑士》、涅克拉索夫的长诗、克雷洛夫的寓言故事、柯尔卓夫的诗歌、克拉舍夫斯基的抒情文集等一系列作品翻译成白俄罗斯语。此外，库帕拉还翻译了乌克兰民族主义诗人舍甫琴科的诗歌《科布扎里》

(Кобзарь），其优秀的译文使这部作品在白俄罗斯广为流传，慷慨激昂的诗句"真理会站起来，意志会站起来"极大地鼓舞了白俄罗斯人民，激发了他们对自由的渴望，坚定了自由必将来临的信心。

1921年，库帕拉将欧仁·鲍狄埃的《国际歌》（Интернационал）翻译为白俄罗斯语出版；1924年，他将乌克兰诗人巴利舒克（В. Полищук）的长诗《列宁》（Ленин）翻译为白俄罗斯语。这两部作品的翻译，推动了革命思想的发展，吻合了当时的社会需求。

库帕拉翻译的最高成就，当属翻译俄罗斯英雄史诗《伊戈尔远征记》。白俄罗斯文学发端于基辅罗斯时期的书面文学和民间口头创作，而基辅罗斯文学最杰出的作品《伊戈尔远征记》是用古俄罗斯语写成的。长诗号召民族团结的爱国思想影响了库帕拉，使他着手翻译这部作品，最终于1919年完成。从此白俄罗斯人民有了母语版本的英雄史诗。

总而言之，库帕拉翻译的文学作品，不仅将俄罗斯、乌克兰优秀的文学作品介绍到白俄罗斯，也推动了白俄罗斯语的普及和发展。

（作者刘林林，北京第二外国语学院俄语系研究生；
张变革，北京第二外国语学院俄语系教授）

Chapter 05

诗人、作家和思想家

——雅库布·科拉斯

"一带一路"列国人物传系 · 白俄罗斯名人传

雅库布·科拉斯（ЯкубКолас，1882—1956），本名康斯坦丁·米哈伊洛维奇·米茨克维奇。白俄罗斯著名诗人、作家、思想家和社会活动家，白俄罗斯现代文学和白俄罗斯标准语的奠基人。曾任苏联最高苏维埃委员会委员、白俄罗斯最高苏维埃委员会委员、白俄罗斯国家科学院副院长。雅库布·科拉斯是其笔名。1882年11月3日，雅库布·科拉斯出生在明斯克县阿金奇茨村一个护林员家庭，从小深受俄罗斯和苏联文学家影响，尤其喜爱俄国诗人普希金的诗歌，其文学天赋在幼年时期就初露光芒，12岁时他创作出了第一首诗歌《春天》。1898年考上涅斯维日的教师中等神学院，毕业后在农村任教。1908年，政府以非法参与教师集会、组织和编写革命传单罪名判处雅库布·科拉斯3年监禁，在监狱服刑过程中，他在报纸《我们的田野》的编辑的帮助下出版了诗集《悲伤的歌》。

十月革命前，他发表了大量反映农民阶级意识觉醒的作品，如《小说》《故乡的形象》《暴动》《纽曼的馈赠》《粗原木》；另外还有描写大自然的作品，如《月牙》《乌云》《第一声雷》《春天的歌》。

十月革命期间，曾在军队服役，这一阶段他的诗歌创作的中心主要是歌颂革命，代表作有《逆水而行》《致劳动》等。1921年，迁居到白俄罗斯首都明斯克，参与了建立白俄罗斯国立大学和白俄罗斯科学院,是白俄罗斯科学院院士,曾担任过副院长。卫国战争爆发后,积极创作反映战争残酷场景、呼吁人民团结一心抗击法西斯的作品,如《致红军的战士和指挥员们》《故乡的路》《复仇》《大地的声音》《森林中的法院》等。苏联时期,创作了大量重要的作品,如长诗《新大地》和《音乐家西蒙》《渔夫的小屋》。雅库布·科拉斯最杰出的小说作品是其自传3部曲《在波列西耶密林深处》《在波列西耶的深处》和《十字路口》,这是白俄罗斯文学史上最早的长篇散文作品。

雅库布·科拉斯是白俄罗斯家喻户晓的文学家和社会活动家,其文学体现了白俄罗斯社会的巨大变迁,被翻译成多国语言。他对白俄罗斯的文学创作事业和社会文化事业的贡献是不可估量的,一生载誉无数,曾被授予"白俄罗斯诗人"称号;先后获得斯大林一等奖、斯大林二等勋章、三次被授予列宁勋章,还荣获过红旗勋章和劳动红旗勋章。

国家设有雅库布·科拉斯文学奖,他的很多著作被改编成音乐作品。在很多城市都建有雅库布·科拉斯纪念碑,一些设施以他的名字命名。在首都明斯克建立了雅库布·科拉斯故居博物馆,介绍这位伟人的传奇一生。

01
童年的书包里总放着普希金诗集

1882年11月3日（俄罗斯旧历10月22日），雅库布·科拉斯出生在白俄罗斯明斯克县阿金奇茨村一位护林员家庭。作为农民的儿子，科拉斯的童年和少年时代在贫穷中度过，小时候他从父母、亲属及邻居的讲述中，就知道了生活的艰辛和不公正，亲眼目睹了地主对农民的欺辱与压迫。所以，正如他在自传中所写的那样，从小他的心灵就充满了对地主的仇恨，而且随着时间的推移这种情感越来越强烈。

生活的贫困并没有影响科拉斯对知识的追求，他自小就表现出对学习和知识的渴望。他经常是记住很多字母的形状，然后向大人们请教字母的名称，就这样他记住了字母表。但是学习阅读是非常困难的事情。

雅库布·科拉斯的家庭虽然生活艰难，但是他的父亲知道，不能让孩子们成为文盲。父亲为孩子们请了"家教"，当孩子们学会字母后，就把他们送到小学学习。1894年，雅库布顺利从小学毕业，并创作了人生中的第一首诗《春天》。

雅库布·科拉斯是家里最聪明的孩子，所以小学毕业后，父亲决定让他继续学习。于是1898年，未来的诗人雅库布·科拉斯考上了涅斯维日的教师中等神学院。

科拉斯的家庭在当时应该算是有文化的家庭，他叔叔喜欢读书，常给科拉斯讲述克雷洛夫和普希金。科拉斯在自传中写道，他叔叔曾经送给他一本克雷洛夫寓言集，自此，克雷洛夫这位俄国寓言家就成为科拉斯这个小男孩最喜欢的作家之一。普希金也是科拉斯十分喜爱的俄罗斯诗人，普希金的著作一直是他的案头读物，他对普希金的诗歌如数家珍。1949年《文学与艺术》报（第24期）发表的采访科拉斯的文章《普希金和我们的文化》中写道："我记得非常清楚，在我的童年，在我这个小牧童的书包里，放着一本不大的、很旧的普希金诗集。当时，我已经学会识字，读书是我最大的爱好……我可以从头至尾背诵普希金的《波尔多瓦》《强盗兄弟》《茨冈》等抒情诗。虽然当时还不能理解这些不朽的诗歌的思想之美，但是自己童年的心已经被普希金诗歌的美所征服，心中感受到普希金诗歌形式和内容的和谐及其感召力。普希金的很多诗歌使我感到亲切、熟悉，这是诗歌征服人们情感的真正的伟大力量。"

在神学院学习期间，雅库布阅读了大量书籍，这使他对普希金、果戈理、莱蒙托夫等人作品的理解更加深刻，也加深了他对俄罗斯文学的热爱。

02

铁窗关不住的诗情

1902年，雅库布·科拉斯结束在涅斯维日教师中等神学院学习，开始在波列西耶的柳西诺村任教。此时，他更近地了解到人民的生活，发现在学校学习的内容和人民的现实生活是完全相悖的。还在童年时期，他心中就产生了对地主的仇恨。开始独立生活后，他渐渐意识到现行社会制度的不公平。在自传中，科拉斯指出，一些被禁止的革命文学作品对他政治上的独立意识产生了很大影响。"这些小册子使我开始完全按照另外一个方向思考，而且非常吸引我。激进的报纸、日本的战争（指日俄战争——作者注）、教师们的影响和夏天我与乡亲们的谈话，帮助我走向革命道路。1905年我作为专制制度的敌人，开始了革命工作。" 在此过程中，雅库布·科拉斯的世界观开始形成。

1905—1907年期间，在俄国发生的反对专制制度的各种运动也激发了白俄罗斯人民积极自觉的斗争意识，这些运动对于白俄罗斯人民来说是具有独特意义。雅库布·科拉斯积极参与广大农民为争取社会和政治解放而进行的斗争，他得到农民的信任，在农民中享有很高的威信。然而地主和政府代表则认为他是叛徒和危险分子，于是将他调到另外一个地方。在新的工作地点他不仅没有停止社会政治活动，而且在1906年还组织了"非法"的白俄罗斯革命教师代表大会。代表大会决定与全俄罗斯教师代表大会联合，并通过了大会纲领。由于大会一些代表没有遵守保密规定，召开代表大会一事被发现，大会参与者全部被解除教师工作。调查工作进行了两年，1906—1907年雅库布·科拉斯失业，他住在哥哥家，并且开办了"非法"学校。白天他在学校教书，晚上从事文学创作。在此期间他撰写了第一本白俄罗斯语教科书《白俄罗斯儿童第二阶段读物》。1907年春天，诗人开始在白俄罗斯报纸《我们的田野》担任编辑。1908年关于教师"非法"聚会的调查结束，9月15日，法庭以非法参与教师集会、组织和编写革命传单为由，判处雅库布·科拉斯3年徒刑。1908至1911年，诗人被关押在明斯克监狱。

即使在服刑期间，科拉斯也没有停止文学创作。在《我们的田野》报编辑的帮助下，他出版了诗集《悲伤的歌》。白俄罗斯著名诗人、评论家马克西姆·博格达诺维奇高度评价该诗集："雅库布·科拉斯的诗集《悲伤的歌》是白俄罗斯文学界近几年最有意思的现象。"

03
从革命军人到人民诗人

1917年的十月革命使俄罗斯人民摆脱了社会和政治的压迫,白俄罗斯人民也摆脱了民族压迫。1919年1月1日,根据伟大领袖列宁和斯大林的倡议,建立了白俄罗斯苏维埃社会主义共和国,白俄罗斯劳动人民世世代代渴望自由生活的夙愿得以实现,白俄罗斯人民开始了民族复兴。雅库布·科拉斯不仅是这一切的见证者,而且是白俄罗斯社会主义变革、实现先进的工农业强国、实施文化革命纲领的积极参与者。

十月革命期间,雅库布·科拉斯在部队服役。他创作了描写这一伟大事件的诗歌《致劳动》,呼吁人民为国家复兴而努力工作。1918年,根据苏联政府法令,科拉斯从军队复员,到库尔斯克省奥博扬市工作。在那里他先后做过教师和中学教学督导,并与红军政治教育机关合作,在乡村进行大量的社会文化教育工作。

关于他个人对于十月革命的态度,他写道:"我真诚地支持苏维埃政权的建立,竭尽全力用自己的劳动帮助巩固该政权。作为农民的儿子,我从小就站在为劳动人民摆脱专制和资本桎梏而斗争的行列中，因此遭受了三年监禁。现在我认为，苏维埃政权作为劳动人民的政权，是唯一能够保卫所有劳苦大众经济和政治利益的政权。我同样认为，苏维埃政权是唯一能够在短时间内使各民族人民建立兄弟般友谊的政权，我相信，它能够在未来使经济和文化非常落后的国家得到复兴。"

在十月革命期间，他创作的诗歌主要是歌颂革命，如《逆水而行》《致劳动》。同时，他创作了同外国入侵者斗争的作品。在诗歌中，雅库布·科拉斯表达了对外国侵略者和叛徒深刻的仇恨，以及对人民和祖国无比的热爱。

1921年雅库布·科拉斯来到白俄罗斯首都明斯克，这次搬家对于雅库布·科拉斯具有特殊的意义。在白俄罗斯社会文化生活的中心明斯克，他不仅见证，而且参与了白俄罗斯社会改造和文化建设事业。雅库布·科拉斯参与建立白俄罗斯国立大学和白俄罗斯科学院的工作。1921—1930年间，他在白俄罗斯大学从事科研和教学工作，并将自己的经验收录在《母语教学法》一书中。自白俄罗斯科学院建立之初，雅库布·科拉斯就是科学院正式成员，并担任副院长。

苏联时期雅库布·科拉斯的生活和创作道路，反映出社会政治体制对文学创作的决定性的影响。事实证明，如果没有束缚，人民的文学在其发展过程中可以取得非常大的成就！

雅库布·科拉斯的文学创作在苏联时期达到顶峰，他成为苏维埃祖国众所周知的、交口称赞的作家。

在这一时期，他创作的主题是歌颂祖国和苏维埃爱国主义精神，歌颂苏联人民的友谊，展示共产党的领导作用。在30年代，雅库布·科拉斯的诗歌创作得到全面发展。

雅库布·科拉斯认为，诗人应该成为美好生活的斗士。他的创作帮助年轻作家探寻社会主义时代大艺术的方向。

1926年，雅库布·科拉斯被授予白俄罗斯"人民诗人"称号，以表彰他在白俄罗斯民族性格精华的发掘方面，以及在向读者呈现白俄罗斯劳动人民的美丽和道德力量方面所做出的贡献。1928年，他成为白俄罗斯科学院院士。1939年，由于在促进白俄罗斯国家文学发展上的杰出贡献，雅库布·科拉斯被授予列宁勋章。

在1941至1945年苏联卫国战争时期，雅库布·科拉斯的作品反映战争的场面，特别是人民游击战争，歌颂苏联人民在共产党领导下团结一致，忠于祖国，同法西斯顽强斗争的精神。1943年，雅库布·科拉斯加入苏联共产党。次年，他回到明斯克。1946年，他创作的战争文学作品获得斯大林一等奖。1948年，他因创作长诗《渔夫的小屋》而获得斯大林二等勋章。此外，他曾经三次被授予列宁勋章，并荣获红旗勋章和劳动红旗勋章。在1952年9月召开的第二十届白俄罗斯共产党代表大会上,他被选为中央委员并作为代表参加苏联共产党第十九次代表大会。

在生命的最后阶段,诗人一直在努力完成自传体三部曲中的第三部《十字路口》的创作。但在苏联时期,政府政法机构对许多持有民族解放思想的作家进行了监视,雅库布·科拉斯也不例外。从苏联当局获得的各类奖项和奖励也未能将诗人从不断被怀疑、监视和搜查中解救出来。这极大地损害了他的精神和身体健康。1956年8月13日,雅库布·科拉斯永远离开了白俄罗斯人民和这块他深爱的土地,享年74岁。

04
白俄罗斯文学的奠基人之一

雅库布·科拉斯的一生和创作之路经历了很多对全世界都具有意义的历史事件。在他生活的年代,白俄罗斯人民的命运也发生了很大变化。白俄罗斯民族长期遭受立陶宛、波兰领主和俄国官吏的压迫和剥削,其语言和文学备受摧残,但白俄罗斯文学在极其困难的条件下顽强地发展。随着十月革命的胜利,白俄罗斯于1919年从德国占领下获得解放,白俄罗斯苏维埃社会主义共和国的建立,给白俄罗斯社会主义的新文学开拓了新的天地。雅库布·科拉斯的文学创作全面地反映了白俄罗斯的历史变化。

（1）十月革命前的创作

雅库布·科拉斯在小学的时候，就接触到白俄罗斯民主诗人扬卡·鲁钦纳（Янка Лучина，1851—1897）用白俄罗斯语写的诗歌手稿，于是他也尝试用白俄罗斯文写作。12岁创作了诗歌《春天》。

通常认为，雅库布·科拉斯早期的创作只有诗歌《春天》，现在立陶宛共和国科学院和维尔纽斯大学图书馆发现了科拉斯用俄语和白俄罗斯语写的诗歌，这些诗歌是他在神学院学习和刚刚当教师时写的，还有他抄写的民间口头创作作品。科拉斯早期的很多作品受到最著名的俄罗斯经典诗歌作家的影响，如克雷洛夫、普希金、莱蒙托夫、阿列克谢·瓦西里耶维奇·柯尔佐夫（1809—1842）。

雅库布·科拉斯在涅斯维日教师中等神学院毕业后，发现自己在学校学习的知识与现实生活有很大出入。他满怀对地主的仇恨和对农民的同情开始了自己的文学创作。随着政治觉悟的不断提高，他意识到，社会不公的真正根源并非在于地主，而是在于社会制度。

在20世纪初，白俄罗斯的文学受到俄罗斯、乌克兰文学的影响，普希金、莱蒙托夫、果戈理都对白俄罗斯文学产生了深厚的影响：在尼古拉·涅克拉索夫的影响下，人民性成为科拉斯诗歌创作的主要特点；在俄罗斯诗人苏里科夫的引领下，科拉斯创作了大量的民主诗歌；乌克兰诗人塔拉斯·舍甫琴科的创作经历使科拉斯坚定了用白俄罗斯语创作民族文学的信心。但是对雅库布·科拉斯的文学创作影响最大的当属俄罗斯作家高尔基。1910年6月，高尔基通过其他的人介绍看到了雅库布·科拉斯的作品。当时高尔基在意大利库普里岛度假，来这里度假的还有其他教师，其中白俄罗斯教师波索赫偶然与高尔基相遇，借此机会，他向高尔基推荐了雅库布·科拉斯的作品。高尔基读后对科拉斯的创作才能赞叹不已，并对他产生了浓厚兴趣。高尔基说，雅库布·科拉斯身上有着对人民深深的情怀和强大的革命力量。1910年高尔基在写给乌克兰作家、社会活动家米·米·柯秋宾斯基的信中指出："在白俄罗斯有两个诗人：雅库布·科拉斯和扬卡·库帕拉——他们是非常有意思的年轻人。他们写的作品非常朴实，非常亲切、忧伤、真诚。啊，上帝，如果我们的人有这些品质该多好！"

高尔基的支持让科拉斯看到了自己创作生涯的曙光，坚定了他为劳动人民谋求幸福的信念，使他获得了力量。科拉斯在自传中说："我会永远感激马克西姆·高尔基对我的鼓舞，将他对白俄罗斯文学所作的贡献铭记于心。"

高尔基的作品同样也对科拉斯世界观及创作风格产生了深刻影响。科拉斯在一篇文章中写道:"马克西姆·高尔基的小说提升了我的人格,在我眼前打开了新世界的大门,唤醒了我的创作欲望。他是第一位对白俄罗斯文学有如此热忱的俄罗斯作家,这一点给我留下了最深刻的印象。"在科拉斯看来,高尔基的作品能将数以千计的青年人聚集起来,将他们从颓废主义的腐朽中解放出来。在高尔基的影响下,雅库布·科拉斯成为一名真正的人民诗人,表达了被压迫的劳苦大众的革命情感。

在十月革命前雅库布·科拉斯创作的主要作品包含以下三个方面内容:

第一,劳动人民为幸福生活而进行的斗争。

雅库布·科拉斯在自己的作品中,形象地描绘了十月革命前白俄罗斯人民的生活,歌颂了祖国美丽的大自然和勤劳可爱的人民。祖国与人民的主题成为诗人后来创作的主题。他的作品主要突出了社会政治旋律,在诗歌《我们的命运》和小说《自由》中,客观地呈现了白俄罗斯人民的社会和政治状况。作为一个现实主义诗人,雅库布·科拉斯在自己的创作中反映了农民阶级分化的过程,如《伐木工人》《第一份工资》《长工的命运》等作品在描写农民生活时,并不是向读者展示十月革命前农民平淡无奇的日常生活,而是让农民看到无法忍受的状况,给他们指出不公正和贫穷的根源,激发他们的斗志。

与此同时,雅库布·科拉斯指出,农民虽然贫穷,但是他们生活得非常有尊严,内心充满自尊,如《男子汉》。在雅库布·科拉斯的作品中,还反映了劳动人民对革命的觉醒和为争取公正秩序而进行的斗争,以及他们战胜剥削阶级的信念,如《在法庭上》(1908)。

雅库布·科拉斯描写的农民并不是生活在黑暗中封闭的农民。他并没有直接写农民的革命斗争,而是写了斗争结果。如在《母亲》(1908)中,他写了一位母亲因为儿子参加革命活动而入狱的悲伤;《在法庭上》描述的是一个年轻人因为教人们为争取美好生活去斗争而受到严酷审判;《在门口》(1909)写的是年轻人斯捷潘因为参加罢工而被捕入狱;《来自监狱的信》(1909)描写的是一个老农民因为烧了地主的树林而被迫坐牢的遭遇。上述诗歌中这些主人公都是作者非常熟悉的人物,有的是他在明斯克监狱时的好友。这些为了人民解放而斗争的勇士形象真实生动。

雅库布·科拉斯是劳动大众的代表,他表达了劳动大众的希望。他知道,乐观主义是人民世界观的实质,所以他自己内心也充满了乐观主义。他在十月革命前创作的作品反映了对人民力量的信念和对祖国未来幸福生活的憧憬,表现了农民在社会和政治意识方面的增长。雅库布·科拉斯坚信，为人民的利益而劳动，为人民的解放而斗争将带来丰硕的成果。

在描写劳动人民的同时，雅库布·科拉斯在作品中还嘲讽了沙皇政府的警察、小官吏、宗教职员，揭露了沙皇时期的国家制度、法律，如《请不要相信》（1907）。他创作的主人公甚至还包括尼古拉二世，他预言，尼古拉二世政权将是俄罗斯最后一个沙皇政权，如《祈祷》（1908）。

第二，对大自然的热爱和赞美。

雅库布·科拉斯的父亲是一名护林员，因此他经常跟随父亲辗转于不同的林场，从小就与大自然十分亲近。他有很多时间是在林中独自度过。早晨，他一个人躲到树林中，听鸟的叫声。他是一个非常有观察力和激情的孩子，努力观察和理解大自然中的种种现象。白俄罗斯大自然的奇妙与绚丽使他更加深切地热爱生活，成年后创作了大量有关白俄罗斯自然风景的诗歌。

雅库布·科拉斯真正的文学创作是1906年开始的。这一年，在报纸《我们的田野》上发表了他的诗歌《亲爱的故乡》。1908年被捕入狱后，他仍然坚持文学创作，1910年在报纸《我们的田野》上发表了诗集《悲伤的歌》。诗集描写了美丽、充满诗意的大自然。

雅库布·科拉斯对大自然的描写非常独特，他描写的大自然不是人类的敌对力量，而是人类真诚的助手。在他的作品中，主人公经常求助于大自然的各种现象，对大自然给予希望，对大自然讲述自己的想法，如《月牙》(1907)、《乌云》(1908)、《第一声雷》和《春天的歌》(1909)。在他的诗歌里，大自然往往变成一个代表积极社会力量的艺术形象，具有很深的寓意，引导人们投入到和谐友好的斗争中。由于受到高尔基影响，雅库布·科拉斯也创作了《暴风雨即将来临》的诗歌。在这首诗歌中，可以看到他和高尔基的呼应。

第三，整理民间口头文学。

雅库布·科拉斯收集整理了大量民间口头文学作品，他还研究其他民俗学家的作品。他的大量作品都是来自民间笑话、传说、童话等。和普希金一样，科拉斯也创作自己的童话故事。

科拉斯的功绩不仅在于他整理了相当数量的民间口头文学作品，而且在于他再现了民间口头文学作品的诗意之美，人民的思维方式和想象力。这些作品经过科拉斯整理后开始更广泛地在民间流传。

在民间口头文学中，最常见的是关于木讷的农民、狠毒的岳母、狡猾但听话的妻子的笑话，热情却不懂得生活和社会界限的故事，以及关于青年人爱情的故事。通过这些故事，科拉斯试图嘲笑人们日常生活和性格的负面现象。这些嘲笑不同于政论性讽刺作品，在民间口头创作中，作者通过对人们偶尔表现出来的愚笨进行嘲笑，反映出人民的智慧和人们之间的相互关系。如传说故事《雇农》描写一对青年男女违背父母之命，超越在财产方面有巨大差异的两个家庭而建立起来的纯洁和真诚的爱情。作品反映出当时社会地位的悬殊对青年人爱情的影响，以及他们为争取幸福生活而做出的努力。

总之，雅库布·科拉斯的作品具有丰富的思想性。在他十月革命前的作品中，可以看到他对哲学问题的思考，他经常思考人生的实质问题、生与死的问题以及在大自然和社会中各种现象相互交替的特征。形象性是他抒情作品的又一基本特征，无论是描写劳动人民的生活、劳动和斗争，还是描写大自然，科拉斯都能形象地呈现在读者眼前。雅库布·科拉斯运用丰富生动、富有诗意的语言，非常形象地表达了主人公的想象、对世界的理解和理想、他们生活的现状及活动的场景。他善于通过对照、比喻，加强词句的表现力。

雅库布·科拉斯不仅是著名的诗人，而且也是小说家。十月革命前，他发表了两个小说集《小说》（1912）和《故乡的形象》（1914），以及短篇小说《纽曼的馈赠》（1914）和《粗原木》。小说的主题和诗歌的主题一致，也反映了农民随着阶级意识的提高，不再忍受压迫。他在小说《暴动》中塑造的斯捷潘·列夫申就是这样一个先进的农民形象。

雅库布·科拉斯是十月革命前白俄罗斯文学中批判现实主义的杰出代表。他一生致力于农民主题的创作，他的作品服务于劳动人民，成为他们为争取解放而斗争的思想武器。

（2）十月革命后的创作

在苏联共产党和政府关怀下，白俄罗斯文学迅速发展，成为苏联文学的重要组成部分。雅库布·科拉斯信仰马克思列宁主义，其创作手法也变成当时苏联文学最流行的社会主义现实主义。

1919年1月1日白俄罗斯苏维埃社会主义共和国成立，雅库布·科拉斯不仅成为国家独立的见证者，而且是白俄罗斯社会变革的积极响应者，其中就包括文化改革。在苏维埃俄国内战期间（1918—1922年），雅库布·科拉斯创作的主题是革命，他的作品反映了革命的历史规律性，如《逆水而行》（1917）。

这一时期他创作的主要作品及其内容如下：

第一，长诗《新大地》和《音乐家西蒙》。

长诗《新大地》和《音乐家西蒙》在雅库布·科拉斯的创作生涯乃至整个白俄罗斯文学中都占据着举足轻重的地位。这两首诗批判旧社会政治制度，揭露专制与资本主义社会，具有批判现实主义色彩。同时，这两部作品也是作者从十月革命前期文学到苏联文学、旧白俄罗斯文学向新白俄罗斯文学的过渡。

《新大地》是白俄罗斯文学史上杰出且不可复制的作品。该长诗的创作始于1910年（当时雅库布·科拉斯身陷明斯克监狱），于1923年完成并发表，在读者、评论家及学者中引起巨大反响。

《新大地》作为一部宏大的史诗作品，展现了在特定的历史时期劳苦大众真实、典型的生活状态与理想追求。诗人在该作品第三版序言中提到，他要描写的就是19世纪末白俄罗斯农民的生活。

科拉斯在长诗中描述了农民阶级在革命来临前最重要的历史时期的生存状况及思想意识的觉醒。主人公米哈伊尔拥有极少土地，他在拉德济维尔大公家中做护林员，经常遭人欺辱，没有人权。他痛恨压迫和剥削，痛恨为了生计失去自由，成为奴仆，不想永远过这种被压迫、忍受他人嬉笑嘲弄的生活。生活越是艰苦，剥削越是残酷，他就越想成为一个自由独立的人。但是他的性格中又有非常软弱的一面，他最突出的性格特点是隐忍与顺从，因此，他又没有胆量参与到群众斗争中去，他一直孤军奋战，只是想靠自己的力量挣脱社会与政治的奴役，去追求自由。可以肯定的是，无论生活多么艰辛，米哈伊尔都没有放弃对自由生活的向往。作为开始觉醒的农民，他已经认识到自己的阶级利益，反对地主剥削，追求解放，为土地和权利而斗争。遗憾的是，米哈伊尔至死也没有实现自己的梦想，他的所有努力都是徒劳的，因此临死前米哈伊尔开始怀疑，一块属于自己的土地是否能让自己得到解放。

长诗《新大地》描写的是主人公米哈伊尔的经历及其家庭的生活，这是白俄罗斯农民在革命前夕真实的生活写照，诗人试图表达白俄罗斯劳苦大众在俄罗斯第一次革命前夕迫切想要摆脱剥削这一最基本的诉求。长诗深刻的社会意义体现在米哈伊尔的个人悲剧上，同时科拉斯在诗中还展现了那个时期农民和地主之间、被剥削者与剥削者之间的阶级矛盾。在这篇诗作中，科拉斯刻画了俄罗斯革命最本质的一面——农民阶级探寻如何走向正确的革命道路。科拉斯认为，农民阶级仅靠自己的力量不能得到解放，只有团结起来，在工人阶级的领导下才能取得胜利。这也是历史的教训。

在《新大地》中科拉斯表达了要让思想进步的人去反抗和摧毁剥削制度的哲学思想与社会观点。创作该作品时，雅库布·科拉斯的世界观已经转向辩证唯物主义。在他看来，人不是孤立的，而是社会群体的一员，他反对只关注个人利益的利己主义。

此外，《新大地》代表着当时白俄罗斯语言的成就，反映了白俄罗斯语言的新形式和新特点。

雅库布·科拉斯在创作《新大地》的同时，也开始了《音乐家西蒙》的创作。作者先后用了7年（自1911—1918年）的时间写这首长诗，在1925年，作者又进行了加工。长诗描写的是一个出生在贫困家庭，但具有音乐天赋的年轻人西蒙的成长经历。主人公经历艰难曲折的自我意识发展道路后，逐渐认识到自己的力量，最后成长为一名为改善劳动大众生活条件而斗争的战士。

在20世纪初期，雅库布·科拉斯主要关注战争题材，他创作的小说塑造了十月革命和内战期间的先进人物形象，以及人民群众对革命的态度。

雅库布·科拉斯是第一个在白俄罗斯文学中塑造布尔什维克形象的作家。小说《谢尔盖·科里亚加》（1923）中的主人公工人出身，信仰共产主义，是忠诚的革命战士，他为追求幸福生活进行了殊死斗争。这是一个鲜活的真实的共产党员形象。

第二，小说三部曲。

20世纪20年代的十年间，雅库布·科拉斯创作了多部重要作品，其中最著名的是他的自传体三部曲《在波列西耶密林深处》（1922）、《在波列西耶的深处》（1927）和《十字路口》。其中第三部计划1951年出版，但直到作家1956年去世也未能完成。

在三部曲中，科拉斯展现了在白俄罗斯革命爆发前一个白俄罗斯知识分子的思想觉醒过程。主人公安德烈·米哈伊洛维奇·罗巴诺维奇是中学教师，他来自于人民，是人民的代表，在革命时期与人民并肩斗争，在革命胜利后，积极参与到建立新的社会制度的斗争中。他的思想演变反映了劳苦大众的社会意识觉醒过程，反映了他们与地主资产阶级制度的斗争过程。

安德烈·罗巴诺维奇是农民的儿子，宗教学校毕业后成为一名中学教师。他的人生和其他知识分子一样，受着国家旧教育体制的摧残。参加工作后远离工业和文化中心，孤独生活。罗巴诺维奇求知欲旺盛，一直在思考自己生命的意义，探寻自我，寻找正确的人生道路，渴望找到自己事业的正确方向。因此，探索是该部作品的创作主线。

罗巴诺维奇坚持寻找自己在生活中的地位，即使有过动摇和矛盾，但从不放弃，最后找到了正确的人生道路。就像罗巴诺维奇所说："不能再这样生活下去了。除了学校和我个人的利益，我身上还有其他东西，那就是对社会的责任。我需要向人民靠近……" 随着思想意识的觉醒，罗巴诺维奇成长为一名为劳苦大众解放而奋斗的勇士。

在该部作品中，作家还将注意力放在农民阶级革命意识的觉醒上，着重描写了农民在革命中的地位和作用。

科拉斯在自传三部曲中展现了自己的哲学和美学观点。自然和人是生活的实质,因此自然与人成为作家关注的重点。作家致力于研究人自身的力量与伟大,他认为,人是自然的主宰者、创造者。如果人在自我追求的过程中了解大自然的奥秘,就完全有可能突破大自然的限制,这也正如科拉斯所言:"生活的形式是有限的,但生活本身是无限的。"

科拉斯在三部曲中还穿插了一些短篇故事,这些都是作家在波列西耶工作时搜集的民间故事和传说,它们能够帮助读者更加深刻地了解白俄罗斯民族的特点。

雅库布·科拉斯的长篇小说三部曲是白俄罗斯历史上第一部大规模的文学作品,其中主要探讨的问题是劳苦大众在革命斗争过程中社会意识的觉醒,展现了知识分子阶层的进步意识以及和人民一起,参与革命的历史事件。作品主人公的命运是整个知识分子阶层历史命运的写照。

第三,其他作品。

在30年代初,雅库布·科拉斯创作了关于国内战争的优秀作品《沼泽地》(1933)。在伟大的卫国战争期间,因白俄罗斯被德军占领,雅库布·科拉斯被疏散到中亚的塔什干,在那里他完成了很多创作,并参与许多科学研究和社会工作。他还积极参加了全斯拉夫委员会的活动。这一时期他创作的主题是军事题材,如《致红军的战士和指挥员们》(1941),

而《故乡的路》反映了被占领地区人民英勇反抗入侵者的斗争。他还发表了诗集《复仇》《大地的声音》，长诗《森林中的法院》《报复》（1945）。

雅库布·科拉斯1947年创作的长诗《渔夫的小屋》具有重要的历史意义，该诗反映了白俄罗斯西部劳动人民为争取民族解放以及为加入白俄罗斯苏维埃共和国而进行的斗争，描写了白俄罗斯加入苏联的历史事件。

如果说在十月革命前雅库布·科拉斯的作品主要集中在反对官僚地主制度、追求革命理想与表达对农民的同情和热爱的主题上，那么在苏联建设的新时期，科拉斯的创作主题则发生了变化，他开始用马克思列宁主义世界观去观察社会生活，逐渐将现实主义融入自己的创作中。

在动荡不安的世界历史背景下，雅库布·科拉斯度过了他不平凡的一生，走过了绚烂的文学创作之路。他不仅是一名伟大的诗人、学者，而且是著名的社会活动家。他是苏联最高苏维埃代表、白俄罗斯最高苏维埃代表、白俄罗斯国家科学院副院长。他对白俄罗斯的语言发展和文学创作，乃至教育事业都做出了突出贡献。

他是白俄罗斯标准语言的奠基者之一，他致力于完善和发展白俄罗斯标准语言。在创作过程中，他不断向民间学习。他认为，独立写作最重要的工作是深入研究语言并且把民族语言中的财富展现出来。他多次在自己的演讲和文章中提到，作家应该在写作前做好语言上的准备。他通过自己遍布白俄罗斯大街小巷的作品，促进了白俄罗斯标准语的传播和发展。雅库布·科拉斯的作品为新一代白俄罗斯作家树立了正确而灵活地运用民族语言的典范。

他是白俄罗斯声誉最高的作家之一，他是为人类幸福、为世界各民族间的和平与友谊而不断奋斗的热血战士。他创作了许多战争主题的诗歌，愤怒斥责帝国主义发起的战争；面对我们共同生存的世界所受到的伤害，他表达了深深的感慨；而对无数在战争中逝去的士兵和成千上万无辜的普通人的命运，他发出哀叹。他的作品为世界和平做出了重要贡献。他在苏联文学史上占有重要地位，是苏联著名文学作家之一，白俄罗斯文学的奠基人之一。

雅库布·科拉斯的诗集和小说被翻译成乌克兰语、格鲁吉亚语、波兰语、立陶宛语、希伯来语等多种语言。他在明斯克的故居现在已辟为雅库布·科拉斯故居博物馆，每天都有很多人前来参观。

（作者张惠芹，是北京第二外国语学院俄语系教授；
边爽，北京第二外国语学院俄语系 2016 级研究生；
宋晓荣，北京第二外国语学院俄语系 2015 级研究生 ）

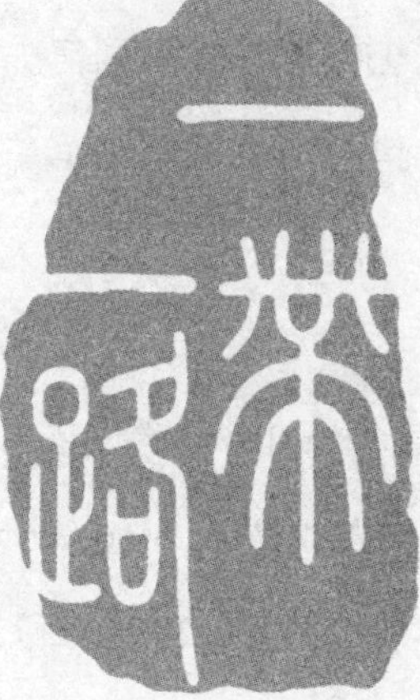
一茶一路

天才诗人

——马克西姆·博格达诺维奇

博格达诺维奇
——白俄罗斯文学创始人之一

马克西姆·阿达莫维奇·博格达诺维奇（Максим Адамович Богданович，1891—1917），白俄罗斯诗人，出身于白俄罗斯的书香家庭，父亲是中学教师，同时也是一位学者，研究白俄罗斯人的历史、人种学和民俗学，母亲博学多才，优雅又富有智慧，家庭环境对他产生极大的影响。他是白俄罗斯天才的诗人、经典作家、翻译家、白俄罗斯文学创始人之一。

1902年进入下诺夫哥罗德男子中学学习。1905年革命期间，因参与学生示威游行活动而被视为"不可靠的学生"。1906年，在报纸上发表了处女作《我们的份额》。1907年被认为是他文学创作活动的元年。他的第一篇艺术著作——白俄罗斯语的短篇小说《音乐》发表。1908年，在雅罗斯拉夫创作了第一首抒情诗《坟墓之上》和《春天来了》《在他乡》以及诗集《我的祖国！正像势不两立的上帝一般……》。1914年初，博格达诺维奇在维尔诺出版了作品集《花圈》。1916年回到明斯克，为明斯克省食品委员会和白俄罗斯战争受害者帮助委员会工作。在这期间，写下了著名作品《遗失的天鹅》和《追求》。1917年5月13日黎明因喉咙出血而逝世，年仅26岁。博格达诺维奇的葬礼在雅尔塔亚历山大·涅夫斯基教堂举行，并葬在雅尔塔的新市政公墓。

博格达诺维奇的遗稿均由父亲阿达姆保管。后来阿达姆将手稿交给了白俄罗斯文化学院。博格达诺维奇的文化遗产众多，除了他在世时发表的作品集《花圈》（1913），还有50多首诗歌和发表在《我们的田野》《自由的白俄罗斯人》等各类杂志期刊上数量相当的批判和政论性文章。诗人的作品被翻译成20多种语言，在英国、德国、波兰、俄罗斯、法国以及南斯拉夫等国出版。20世纪50年代，他入选最佳白俄罗斯作家。

为了纪念博格达诺维奇，白俄罗斯歌剧院创作了歌剧《维纳斯之星》和《马克西姆》。在诗人诞辰90周年之际，在明斯克歌剧和芭蕾舞剧院前设立了博格达诺维奇纪念碑。1991年，为纪念马克西姆·博格达诺维奇诞辰100周年，诗人的名字被列入联合国教科文组织"杰出人物和事件的周年纪念"日历。2011年10月27日，白俄罗斯共和国国家银行发行了纪念马克西姆·博格达诺维奇诞辰120周年的银币和铜镍纪念币。

01
奶奶和父母亲的深刻影响

1891年11月27日，马克西姆·博格达诺维奇出生在白俄罗斯的书香门第之家。

根据他的父亲阿达姆回忆,他的爷爷尤里·卢基扬诺维奇年轻时被地主带到鲍里索夫县并在那里定居,与他的奶奶、诗人阿奈莱(也叫安娜)·福米纳·奥斯马克结婚。

阿奈莱是"一个十分温柔且有着崇高精神的人,处事有分寸,有着高超的数学能力"。她是个出色的民间传说讲述者,这些天赋部分地继承于她的母亲。讲述最新的神话故事是一种创造性行为,每次她都会对情节进行加工并赋予新的内容,使故事更具韵律感。博格达诺维奇的父亲阿达姆努力将这些故事记录下来。正是这些神话故事让博格达诺维奇首先认识了白俄罗斯语言。阿奈莱还知道许多白俄罗斯歌曲和古代人民的知识:礼仪、风俗、算命、传说、谚语、谜语、民间药物等。她在当地十分有名。她渊博的知识储备为儿子阿达姆·博格达诺维奇从事的人种学作品研究所用,并对孙儿马克西姆·博格达诺维奇未来的创作产生了极大影响。

诗人的母亲玛丽娅·阿法纳西耶夫娜从小也是一个很有才华的孩子,有一头浓密漂亮的秀发,闪闪发光的眼睛和一种令人无法抗拒的迷人之美。因此她受到省长夫人彼得洛娃的赏识并被寄养在她家中。省长夫人还将她送到亚历山德罗夫女子中学读书。她毕业后,又被送到彼得堡女子中学,寄宿在亲戚彼得洛娃家。玛丽娅·阿法纳西耶夫娜读了很多书。

正如阿达姆·博格达诺维奇所说，"她的书信具有敏锐细致的观察力和画面语言的准确性"。阿达姆从丈夫的角度来看，玛丽亚写的故事具有很强的表现力，有"令人难以置信的敏锐的想象力"，以及女性的优雅和智慧。

马克西姆·博格达诺维奇的父亲阿达姆（1862—1940）结婚的时候是26岁，母亲玛丽娅·阿法纳西耶夫娜（1869—1896）19岁。阿达姆认为步入婚姻是他一生中最快乐的事情。他在明斯克市第一中学当教师，年薪高达1500卢布，家庭开销得到保证。他们的第一个孩子瓦季姆出生于1890年3月6日，第二个儿子马克西姆·博格达诺维奇生于1891年11月27日晚上9点，他还有弟弟和妹妹。

1892年，博格达诺维奇一家迁居格罗德诺（白俄罗斯城市，州首府），阿达姆在农业银行任职，一家人住在城市郊区。1894年11月14日第三个儿子出生，取名列夫。1896年5月，女儿妮娜出生。他们所在的环境提供了良好的教育条件：温和的气候、带花园的庭院，周围有田野、森林。博格达诺维奇的母亲想给孩子以真实的感官教育，但是他们往往更喜欢玩具。

在格罗德诺和明斯克，博格达诺维奇一家结交了许多朋友。在明斯克有许多带着革命情绪的知识分子及其同情者，后来由于当局的逮捕与恐吓，他们的圈子逐渐分裂。在格罗德诺,他们主要与医生、军官、教师、文化工作者交往。尤其是在明斯克,他们的交往者中有许多年轻人。他们谈论文学作品、唱歌、朗诵,非常愉快。"真是丰富多样、色彩艳丽、充满乐趣的生活",阿达姆·博格达诺维奇如此回忆。

母亲玛丽娅·阿法纳西耶夫娜给予孩子们良好的教育。在父亲看来,马克西姆·博格达诺维奇在外形上,其步态、举止、手势、语音等像父亲,而性格上更像他的母亲:温和、富于想象力、充满活力,具有灵敏性和敏感性,尤其是创作的生动形象性是在童年受到母亲的熏陶。他诗篇创作中的静谧、安宁在很大程度上受母亲,甚至是曾祖母的影响。

不幸的是,博格达诺维奇的妹妹玛丽娅出生后,染上疾病,不治而亡。她被葬在格罗德诺的东正教教堂墓地。

1896年11月,阿达姆·博格达诺维奇带着孩子们移居下诺夫哥罗德。在那里,他们结识了著名作家高尔基,并且结成连襟关系。高尔基经常来他们家里,他对博格达诺维奇的文学创作产生了极大的影响。

父亲阿达姆曾是一名教师,接触了许多文人作家。同时阿达姆又是一位学者,研究白俄罗斯人的历史、人种学和民俗学。博格达诺维奇喜欢翻看父亲的笔记。他在写给友人的一封信中写道:"是我的父亲抚养并教育了我,以后若有机会,我向你展示我父亲的图书馆,里面有各种各样关于世界文学的书籍，我们从小就畅游在这座世界级的学校里。毫无疑问，我主要关注的是斯拉夫文学。"

02 短暂而辉煌的文学创作生涯

1906 年，由于教母索莫娃帮助，博格达诺维奇在报纸上发表了处女作《我们的份额》和《我们的田野》。当年年底，博格达诺维奇把白俄罗斯的书籍和报纸寄到了关押白俄罗斯革命者的下诺夫哥罗德监狱。

1907 年被认为是博格达诺维奇文学创作活动的元年。他的第一篇艺术著作——白俄罗斯语的短篇小说《音乐》发表在《我们的田野》报。这篇作品讲述了一个关于音乐的传说。它能在大地上游走，并用小提琴弹奏出世间万物。它的琴弦和音乐都与众不同。当音乐家手里的琴弦哭泣的时候，它的每一根琴弦都在跳动着自己的节奏。邪恶而又强大的人们把音乐送进监狱，让它在监狱中死去。但是关于它的记忆却永远不会消失。在这部寓言作品中，年轻的作家讲述了数百年以来受苦受难的白俄罗斯人的悲惨命运，期盼尽快改善现状。

1908 年，博格达诺维奇因为父亲工作调动而搬到雅罗斯拉夫，在这里他创作了第一首抒情诗《坟墓之上》和《春天来了》《在他乡》，都发表在《我们的田野》报上。

稍后，他发表了诗集《我的祖国！正像势不两立的上帝一般……》，强烈地表达了反抗社会压迫和白俄罗斯民族复兴的主题。抒情短篇故事诗《从白俄罗斯农民的歌中》则描写了现实社会问题，对人民的创造力量充满信心。他还撰写了题材广泛的诗作《黑暗》《玩具手枪》《掘开的坟墓》等。

1909年，马克西姆·博格达诺维奇患上肺结核，但仍坚持创作。1911年，博格达诺维奇去维也纳游览，结识了瓦克夫·拉斯托斯基、安东、伊万等致力于白俄罗斯复兴的活动家。在维也纳，他还结识了私人博物馆的两兄弟卢茨科维奇，他们拥有众多古代珍贵的收藏品。博格达诺维奇观看了这些展品后，写了一首诗——《斯卢茨克纺织女工》，讲述了女纺织工的悲惨历史。

与此同时，博格达诺维奇结识了白俄罗斯民族复兴运动的一些领导人，常与他们通信。

1911年11月，博格达诺维奇在雅罗斯拉夫给《年轻的白俄罗斯》丛刊的编辑写了一封信，希望发表他用十四行诗的形式写的一个文学小随笔。

同年，博格达诺维奇想要进入圣彼得堡大学语文系学习，但因缺乏资金和不适应首都干燥的环境而未能如愿，只好进入杰米多夫司法学校就读。

博格达诺维奇的父亲阿达姆说，儿子几乎把他全部的生命和精力都献给了他的社会工作和创作，他把大量的时间用在西欧、斯拉夫语和文学研究上，特别是对白俄罗斯语的历史、人种学和文学的研究上。

在研究过程中，他与雅罗斯拉夫的报纸《呼声报》合作，经常在俄罗斯和白俄罗斯的各种出版物上发表作品，知名度日益提高。

他创作了抒情诗短篇小说《在农村》和《维罗妮卡》。《在农村》诗意般地描写了伟大女性对孩子的爱。这种爱是与生俱来的，即使是小女孩也具有这种情感。《维罗妮卡》则讲述了作者对一个平凡女孩的回忆。《在春天的美景中》反映了作者对理想、美以及诗歌的渴望。

对于博格达诺维奇来说，他的缪斯女神就是他同班同学的妹妹——安娜，一个很有才华的钢琴家。在这一时期他的诗作有《昨天深感幸福，但不敢偷看一眼》《世界上我最想要的》，以及著名的关于恋爱经历的诗歌《浪漫曲》。此外，作者还创作了一系列组诗：《古老的白俄罗斯》《城市》《祖国的呐喊》和《古老的遗产》。这些作品反映白俄罗斯人受压迫的现实，呼吁反抗沙皇统治，为实现人道主义和民族自由而奋斗。

在1909—1913年间，诗人将奥维德、贺拉斯，法国诗人保罗·魏尔伦等人的作品翻译为白俄罗斯语。同时，他致力于研究白俄罗斯文学从古代到20世纪初的历史发展概况，撰写了《深度和层次》《十六世纪以前的白俄罗斯文字历史》《一百年来白俄罗斯语言文字历史随笔》和《白俄罗斯文学史上的新时期》。

1914年初，博格达诺维奇在印刷厂的帮助和玛利亚的资助下，在维尔诺出版了作品集《花圈》。这个诗集包括92首诗和2首史诗，共120页，分为几个系列："附图和歌曲"、《思想》和《圣母玛利亚》。

作家瓦茨拉夫·拉斯托夫斯基在《关于博格达诺维奇的回忆录》中，讲述了关于《花圈》的创作历史：马克西姆·博格达诺维奇在从维尔诺回来的几个月里，将自己诗歌集的手稿寄给了《我们的田野》编辑部，在"诗选集"的题目下附有一个请求，希望出版单独的一册书。然而，因为缺乏资金，这份手稿被放置在编辑部达半年以上。1913年交齐印刷费后，才得以出版。

据拉斯托夫斯基说，为了资助出版《花圈》，伊万·卢茨科维奇拿出了150卢布，并从马格达莱娜·拉德齐威尔那里筹到一些钱。为了表示对她的感谢，在书的扉页印上了一个天鹅标志，这一标志属马格达莱娜·拉德齐威尔所有。 卢茨科维奇写道:"这幅画我是从自己的收藏中选出的,它是在1905年由一个中学生所画,姓名不详。这幅画很像一个花圈,因此我把它放上去,并根据出版社规定,在封面上写了作者姓名和书名'花圈'。"

1914年《我们的田野》第8期刊登了关于诗集《花圈》的第一篇评论。卢茨科维奇在《美的歌手》的评论中这样写道:"……社会问题从来都不是诗人的主要形象,诗人主要是寻找美。"

死亡的主题贯穿了博格达诺维奇的全部创作生涯,诗人坚信永生。例如,诗歌《在坟墓》有一种巨大的力量,就像死亡本身。诗歌《思想》《自由的思想》饱含基督教的宁静和神圣的永生不朽之感。他经常与星星、天空交流,抬头往上看,而不是只看脚下。

1914—1916年间,博格达诺维奇用白俄罗斯语创作了组诗《在安静的多瑙河》和诗作《马克西姆和马格达莱娜》;创作了一些俄文诗,如《为什么她这样忧伤》《绿色的爱》《在秋天》;将普希金、维尔哈伦等诗人的作品翻译为白俄罗斯语;还用俄文撰写了一些关于研究历史文学、国家和社会政治问题的政论性文章。

1915年12月,博格达诺维奇到达莫斯科,拜访白俄罗斯历史学家弗拉基米尔·比切塔。这位历史学家影响了诗人的看法，诗人在他的文章《白俄罗斯复兴》中阐述了自己的观点。

马克西姆·博格达诺维奇一直与雅罗斯拉夫的白俄罗斯团体保持密切联系，团结一战期间的白俄罗斯难民，提供一切可能的帮助。他曾一度患伤寒病，但康复后继续投入工作。

马克西姆·博格达诺维奇一直梦想重返家园。1916年夏天，他终于回到明斯克。这时，他虽然已经病重，但仍坚持为明斯克省食品委员会和白俄罗斯战争受害者帮助委员会工作，在空闲的时间进行文学创作。他组织青年群体，教育他们要具有社会服务和民族革命的性格。在这期间，他写下了著名作品《遗失的天鹅》和《追求》。

《遗失的天鹅》是《圣经》里关于天鹅神话的故事。一只白天鹅反抗诺亚方舟并与洪水作斗争，不幸牺牲。但它的死亡拯救了其他鸟类。神话里谴责这种反叛，而博格达诺维奇却称赞天鹅的这种行为。

《追求》是诗人最具气质性与戏剧性的著作之一，诗人关注白俄罗斯过去的英雄主义历史，呼吁保卫自己的祖国母亲。该作品后来被白俄罗斯合唱团"民间歌手"改编为音乐作品。

1917年2月，诗人的朋友筹钱资助他去克里米亚治疗肺结核，然而治疗效果不佳，博格达诺维奇于同年5月13日黎明因喉咙出血而逝世，年仅 26 岁。

阿·季托夫 1917 年在《声音》报上写道："去年夏天出发前夕，在明斯克我们经常与博格达诺维奇在《声音》的编辑部见面，聊天、辩论。那时他就经常脸色不正常地泛红，病魔渐渐地让他变得虚弱，破坏他的身体。他有一个敏感而富有同情心的灵魂，在不经意间就赢得大家的喜爱和尊重。和他在一起令人感到十分高兴和温暖，大家愿意和他分享一切，甚至是精神上的东西。他是少数燃烧自己照亮他人的人之一。"

博格达诺维奇的葬礼在雅尔塔亚历山大·涅夫斯基教堂举行。他被葬在雅尔塔的新市政公墓，墓上竖立着白色的十字架。1924 年，墓地的十字架被换成灰色石灰石的红星纪念碑，并刻上了诗人的四行诗："在砂砾之间的埃及土地……"。这个纪念碑一直矗立到 2003 年，后来被换上了雕塑家列夫和谢尔盖设计的纪念碑。20 世纪 80 年代有人提议将博格达诺维奇的骨灰从雅尔塔转移到明斯克，然而始终没有得到乌克兰官方回应。

在诗人遗留下的手稿中找到一些关于白俄罗斯字母的材料，很明显，这些是诗人最后阶段所做的工作。他在临终前写下一首短诗，说自己在死前不是孤独一人的，因为他还有书和诗集——这样的临终认知在世界诗坛上是绝无仅有的，具有重要意义。

03
创作遗产的命运和影响

博格达诺维奇的遗稿均由在雅罗斯拉夫的父亲阿达姆保管。为了更好地保存这些手稿，阿达姆把它们放在地窖里，埋在冰下。1918年雅罗斯拉夫起义时，博格达诺维奇的房子被烧毁，地窖的冰融化，手稿被泡在水里，经过阿达姆烘干与抢救，手稿完好无损。后来白俄罗斯文化学院对博格达诺维奇的遗稿感兴趣，阿达姆就将150多首诗的手稿及一些散文和笔记交给了前来的学院工作人员。1923年，阿达姆写了《马克西姆·博格达诺维奇传记材料》。

诗人的作品被翻译成20多种语言，在英国、德国、波兰、俄罗斯、法国以及南斯拉夫等国出版。20世纪50年代，他的作品被翻译成俄语，在俄罗斯大量出版，并入选最佳苏联作家。1991—1995年，涵盖诗人全部作品的三卷本出版。

马克西姆的作品在白俄罗斯国内外产生了深刻影响，其主要意义如下：

（1）文学家扎默金（1873—1942）认为，博格达诺维奇的创作反映了文学的追求。他的作品反映了世纪之初的革命情感、个人经历的波折和白俄罗斯的复兴。因时代的争议性而产生的忧郁和死亡的主题贯穿了博格达诺维奇的整个创作过程。诗人在身患疾病的情况下，虽预感时日不多，但仍对生活充满希望。

（2）博格达诺维奇描写了公民、自然、哲理、爱情等许多问题，创作出一系列爱情诗献给他热爱的雅罗斯拉夫知名女诗人安娜·科库耶瓦娅。

（3）博格达诺维奇的诗歌与民间口头诗歌、民族解放思想紧密联系在一起，表达了对劳动人民深厚的感情。他的一些诗歌，如《行动起来，兄弟们，快点儿！》（1910）呼吁反抗世界上的暴力和社会不公现象。

（4）尽管博格达诺维奇对白俄罗斯语的掌握并不是无可挑剔，但他在诗歌形式，尤其是诗节方面取得了巨大成就。他把俄罗斯等国的一些著名作品翻译成白俄罗斯文出版，丰富了古典和欧洲文学的艺术风格。

（5）博格达诺维奇的创作受到法国象征主义和俄国阿克梅主义作家的影响。同时他试图创作白俄罗斯诗歌，保持白俄罗斯语言特点，将白俄罗斯和国外传统有机融合。

（6）博格达诺维奇热情讴歌他的家乡白俄罗斯美丽的风景，为白俄罗斯人民诗歌文化的发展做出了巨大贡献。他在白俄罗斯文学中首次采用了以下这些形式：十四行诗、八行两韵诗、二韵叠句短诗、自由诗，以及其他古典诗歌形式。诗歌《在维也纳》成为新白俄罗斯文学城市诗歌体裁的典范。

（7）在诗人的父亲看来，儿子的创作反映了他灵魂中最好的一面，也许是反映了他灵魂的全部面貌。他的抒情诗歌是他的灵魂体验的历史，多彩地反映出他的心路历程，证明了他的观点和信仰是正确的。

1927年，在诗人去世10周年之际，瓦伦丁·沃尔科弗创作了《马克西姆·博格达诺维奇的肖像》。该作品保存在白俄罗斯国家民族艺术博物馆。

在明斯克、格罗德诺和雅罗斯拉夫建立了博格达诺维奇博物馆，以诗人命名的街道遍布全国各地。在白俄罗斯各个区中心、俄罗斯的下诺夫哥罗德、雅罗斯拉夫和雅尔塔，很多学校和图书馆都以博格达诺维奇的名字命名。

为了纪念马克西姆·博格达诺维奇，白俄罗斯歌剧院创作了歌剧《维纳斯之星》和《马克西姆》。

1981年12月9日，为了纪念马克西姆·博格达诺维奇诞辰90周年，在明斯克歌剧和芭蕾舞剧院前，即距离诗人出生和生活的地方不远的巴黎公社广场上，设立了博格达诺维奇纪念碑。纪念碑由著名雕塑家沃基尔等人设计建造，红色花岗岩的基座上是4.6米高的诗人铜像，双手交叉于胸前，右手持矢车菊，他曾在自己的诗歌中赞美这种花。

1991年，为纪念诗人诞辰100周年，马克西姆·博格达诺维奇的名字被列入联合国教科文组织"杰出人物和事件的周年纪念"日历。

2000年，《20世纪白俄罗斯100本图书》的书里，马克西姆·博格达诺维奇的作品《花圈》被评为最佳图书，博格达诺维奇也被读者投票选为最佳诗人。

2008年4月，莫斯科国家历史博物馆把6条斯卢茨克纺织厂生产的腰带借给白俄罗斯展出，因为当年正是这些纺织工厂激发了博格达诺维奇创作《斯卢茨克纺织女工》的欲望。现在这部作品陈列在白俄罗斯卢茨科维奇兄弟博物馆。

2008年4月，明斯克市政府决定，把博格达诺维奇纪念碑改建为喷泉。这一决定激起白俄罗斯民众的强烈愤慨，他们将拆除博格达诺维奇纪念碑的事件同1995年全民公投更换白红白国旗事件相提并论。2008年6月，修复后的博格达诺维奇纪念碑在原位西北方向150米处重新树立，新的位置更接近诗人的出生地。

2008年12月10日，在白俄罗斯国家爱乐乐团的大礼堂演出音乐剧《马克西姆·博格达诺维奇的一天》。这一音乐戏剧项目的作者拉里萨将这部作品称为"一天一夜的现代宗教神秘剧"。在剧情里，诗人马克西姆·博格达诺维奇在九幕剧中都带着自己的诗集亮相，在每一幕剧里遇到了不同的人物——莫扎特、萨列里、戏剧导演尼古莱·皮尼金、广播主持人、街头说唱艺人等。

2011年，在马克西姆·博格达诺维奇诞辰120周年之际，出版了《白俄罗斯经典百科全书》。白俄罗斯电视台第一频道播放了《马克西姆·博格达诺维奇的时代》的四集电视剧，导演是奥列格·卢卡申科。10月27日，白俄罗斯共和国国家银行发行了纪念马克西姆·博格达诺维奇诞辰120周年的银币和铜镍纪念币。

在雅尔塔，在博格达诺维奇生活和去世的房子里，设立了关于诗人的纪念铭牌。在下诺夫哥罗德的体育馆主楼里，也设立了纪念铭牌。

（作者岳德维，北京第二外国语学院俄语系2016级研究生；许传华，北京第二外国语学院俄语系副教授）

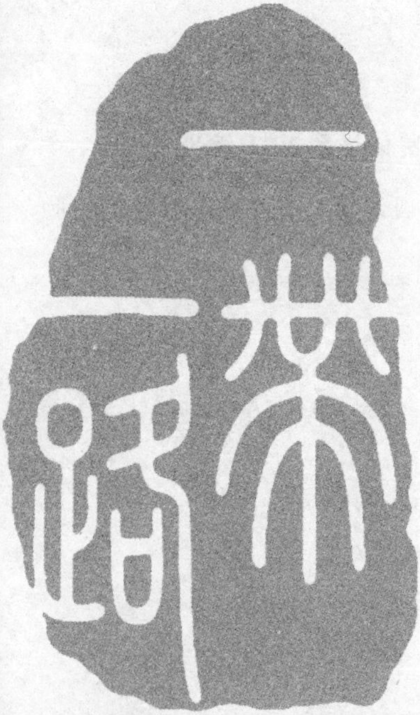

Chapter 07

灵感的源泉是故乡

——马克·夏加尔

"一带一路"列国人物传系·白俄罗斯名人传

马克·扎哈洛维奇·夏加尔（МаркЗахарович Шагал，1887—1985），法国格拉费卡艺术家，写生画家，舞美艺术家，插画家，巨幅艺术和实用艺术大师。

白俄罗斯裔犹太人，出生于俄罗斯帝国维捷布斯克省（现白俄罗斯维捷布斯克州）维捷布斯克市的一个工人家庭。夏加尔从小就对绘画产生了特殊的兴趣，但直到19岁才开始专业的绘画学习。从家乡维捷布斯克到彼得堡，再到巴黎，夏加尔手握画笔，将古老的犹太文化传统与最现代的创新有机结合，逐渐确立了自己独特的创作风格，奠定了先锋派世界大师和史上画作拍卖价格第三高的艺术地位和价值。

夏加尔的创作涉及油画、版画、马赛克镶嵌画、壁画、雕塑、舞台及服装设计等艺术形式，几乎持续到生命的最后一刻。1977年马克·夏加尔被授予法国最高荣誉——荣誉军团大十字勋章。1977—1978年卢浮宫突破既有规制，为90高龄的画家举办了作品回顾展。

夏加尔一生有两任妻子，育有1女1子，享年98岁。

01

追求艺术与爱的一生

1887年7月6日（俄历6月24日），马克·夏加尔出生于俄国统治的维捷布斯克省维捷布斯克市佩斯科瓦季卡区的一个犹太人家庭。父亲哈茨克里·莫尔杜霍维奇·夏加尔（Хацкель Мордухович Шагал，1863—1921）是鲱鱼仓库的伙计，母亲费伊加-伊塔·门捷列夫娜·切尔尼娜（Фейга-Ита Менделевна Чернина，1871—1915）是父亲的表妹，经营一家小店铺。马克是家中长子，有1个弟弟和7个妹妹。

马克接受的是传统的犹太家庭教育，学习希伯来语、摩西五经和犹太法典。他很早就对绘画产生了兴趣，但双亲更希望他成为一名会计或者有钱人家的管家。1906年，夏加尔开始专业学习绘画。他进入当地画家Ю.佩恩的艺术学校，并于同年前往彼得堡。夏加尔在自传《我的一生》中写道："怀揣着27卢布——一生中父亲唯一一次给我的艺术教育学费，我这个面色红润的卷发青年与友人一同踏上了去彼得堡的旅途。"

1907—1910年夏加尔先后在俄罗斯帝国艺术鼓励协会附属绘画学校、С. М. 泽伊坚别尔格（С.М.Зейденберг）私立学校和Е. Н. 兹万采沃伊（Е. Н. Званцевой）私立学校学习，在兹万采沃伊私立学校师从Л. С. 巴克斯特。1910年夏加尔第一次参加兹万采沃伊私立学校在《阿波罗》杂志社举办的展览。

1909年秋天，夏加尔短暂回乡期间，经友人乔亚·布拉赫曼（ТеяБрахман）介绍，认识了别尔塔·罗森菲尔德（БертаРозенфельд），维捷布斯克珠宝商的小女儿。他们的相识对夏加尔一生意义非凡。"我应该与她，不是与乔亚，而是与她在一起——我恍然大悟！她沉默，我也是。她在打量——哦，她的眼睛！——我也是。我们好像很早以前就认识，而她知道我的一切：我的童年，我现在的生活，以及我的未来；她仿佛一直在注视着我，就在我身边，尽管这是我第一次看到她。我明白了：她就是我的妻子。在她苍白的脸上，双眼炯炯有神……这是我的眼睛，我的灵魂。"（马克·夏加尔：《我的一生》）

1911年5月，夏加尔受到马克西姆·维纳维尔（Максим Винавер）资助，第一次来到巴黎，并改名为"马克·夏加尔"。如果在俄罗斯时艺术家感觉自己是"四轮大车的第五个轮子"，那么巴黎——尤其是卢浮宫——终结了他的摇摆。

受到同样租住在"蜂巢"的先锋派艺术家和诗人（Ф. 莱热、A. 莫迪利亚尼、A. 阿尔西片科、Б. 桑德拉尔、Г. 阿波里耐、M. 雅各布等）的影响，夏加尔最终坚定了自己选择的艺术道路。

参加在巴黎、莫斯科、彼得堡、阿姆斯特丹、柏林等地举办的画展后，夏加尔赢得了广泛的知名度，并于1914年在柏林现代派出版物《狂飙》的画廊里举办了他的首次个展，给德国表现主义者们留下了深刻印象。评论家 Я. А. 图根霍尔德（Я. А. Тугендхольд）曾这样回忆看到夏加尔油画时的感受："一定是哪儿搞错了，在成人作品，非常成熟的作品旁边，摆放着某个孩子的画，新鲜，'拙劣'，充满想象。"

1914年夏天，夏加尔返乡省亲。第一次世界大战爆发使他返回欧洲的时间延后。1915年7月25日，夏加尔与别尔塔（夏加尔后来称其"贝拉"）举行了婚礼。1916年他们的女儿伊达（Ида）出生，后来成为夏加尔生平和创作的研究专家。

1915年9月，夏加尔前往彼得堡，入职军事工业委员会。1916年加入犹太人艺术鼓励协会。1917年举家返乡，并于十月革命后被任命为维捷布斯克省人民艺术委员。1919年1月28日，夏加尔创办了维捷布斯克艺术学校。

1920年，与画家卡西米尔·马列维奇（Казимир Малевич），实质上是与俄罗斯至上主义（20世纪抽象派的一个分支）的创作矛盾，泯灭了夏加尔自由创作的幻想。他离开维捷布斯克，来到莫斯科。经 A. M. 埃夫罗斯（А. М. Эфрос）推荐，夏加尔来到莫斯科犹太人室内剧院，起初为剧院前厅和正厅创作墙画，后来参与服装和舞台设计。1921 年画家在莫斯科郊外的孤儿院教了一段时间的美术后，于 1922 年举家前往立陶宛参加在考纳斯举办的个人画展，之后前往德国柏林。1923 年秋，夏加尔全家迁往巴黎，并于 1937 年获得法国国籍。

在柏林时，夏加尔曾学习雕版技法。通过友人桑德拉尔介绍，他结识了巴黎经营艺术品的商人 A. 沃拉尔，并受后者之托陆续为果戈理的《死魂灵》、拉封丹的《寓言》和《圣经》创作蚀刻版画。由此他确立了黑白版画的大师地位，也把这种所谓二流的艺术体裁提升到高贵的地位。

1931 年，夏加尔 1922 年在莫斯科用意第绪语撰写的自传《我的一生》，经贝拉抄写和年轻作家让·波朗整理后，在巴黎出版。

两次大战之间，夏加尔游历天下：布列塔尼、法国南方、巴勒斯坦、荷兰、西班牙、波兰和意大利……1931 年出版过去用俄语写成的《我的一生》的法译本。1933 年在瑞士巴塞尔艺术大厅举行大规模的回顾展，1939 年获得卡内基奖金，确立了他作为已有定评的现代绘画巨匠的声誉。

1940年德国法西斯占领巴黎，夏加尔移居到法国卢瓦尔地区。随着纳粹对犹太人的迫害愈演愈烈，他一再南迁。最终于1941年7月，受纽约现代艺术博物馆邀请，他偕妻子贝拉去美国避难。1944年8月25日，夫妻二人从广播中听到巴黎解放的消息，旋即筹划返回巴黎。然而此时，贝拉突然罹患败血症，因缺少青霉素（战时军需品）于1944年9月2日不幸逝世。贝拉病逝对夏加尔的打击很大，整整9个月他无法再拿起画笔。直至1945年春，他才完成为纪念爱妻而作的两幅作品：《婚礼上的蜡烛》和《与她在一起》。

1947年，贝拉去世前不久用意第绪语撰写的维捷布斯克少女时代回忆录《点燃之光》首次在纽约出版，夏加尔为它配了插图。这本回忆录后来由女儿伊达翻译成法文，并于1973年在法国出版。

画家58岁时，经女儿伊达介绍，与刚过30岁的弗吉尼亚（Вирджиния Макнилл-Хаггард，英国驻美国原领事之女）恋爱，并育有一子戴维（Дэвид Макнилл）。1947年，夏加尔携全家回到法国。3年后，弗吉尼亚带着儿子离开了夏加尔。

1952年7月12日，夏加尔与"瓦瓦"——瓦莲京娜·布罗茨卡娅（Валентина Бродская）结婚。瓦瓦是著名的糖业大亨之女，自己在伦敦经营一家时尚沙龙。她陪伴了夏加尔人生最后的33年。如果说贝拉是夏加尔绘画创作的"缪斯"，那么瓦瓦就是夏加尔的经理人,她几乎切断了画家与所有亲友的联系,使画家晚年专心创作,艺术成果丰硕,价值不断增长。

1960年马克·夏加尔获得伊拉斯谟奖。

1960年以后,夏加尔主要从事巨幅艺术创作——马赛克镶嵌画、彩色玻璃画、壁画,还有雕塑和陶瓷画。1960年初应以色列政府之邀,夏加尔为耶路撒冷国会大厦创作马赛克镶嵌画和壁画。此后陆续收到来自欧洲、美国和以色列天主教堂、路德教堂和犹太教堂的装饰创作邀约。1964年应法国文化部长邀请,夏加尔为巴黎大歌剧院绘制穹顶画。1966年为纽约大都会歌剧院创作两幅壁画。1972年为芝加哥第一国家银行制作马赛克镶嵌画《四季》。

1966年夏加尔迁至位于尼斯—圣保罗的新家。这是专为夏加尔建造的,集居住空间和创作室为一体。

1973年应苏联文化部长邀请,夏加尔访问列宁格勒和莫斯科。特列季亚科夫画廊专为夏加尔举办了画展。画家向特列季亚科夫画廊和普希金造型艺术博物馆赠送了画作。

1977年马克·夏加尔获颁法国最高荣誉——荣誉军团大十字勋章。1977—1978年卢浮宫突破既有规制,为90高龄的画家举办了作品回顾展。

1985年3月28日,马克·夏加尔在圣保罗辞世,享年

98岁。

02
艺术巨匠的创作

夏加尔一生创作宏富，涉及油画、版画、马赛克镶嵌画、壁画、雕塑、舞台及服装设计等艺术形式，遗憾的是由于战乱等原因作品多有佚失，没有全目。

（1）油画

夏加尔的油画创作贯穿一生。他以油画作品确立了迥然于20世纪初期各种艺术流派的创作风格，奠定了先锋派世界大师和史上画作拍卖价格第三高的艺术地位和价值。

夏加尔早期作品色调晦暗，如《死者（死）》（1908）、《出生》（1910），展现了他独特的世界观。

第一次旅居巴黎期间，夏加尔创作了油画《我和村庄》（1911）、《献给俄罗斯、驴和其他》（1911—1912）、《喝酒的士兵》（1911—1912）、《殉难处》（1912）、《小提琴手》（1912—1913）、《有七根手指的自画像》（1912—1913）、《母性·孕妇》（1913）、《窗外的巴黎》（1913）等。

这一时期，夏加尔基本确立了此后60年富有诗意却似乎不合情理的画风：他用想象和回忆来构思画面，寄宿的小提琴手、遮篷马车、装扮的母牛、点燃的烛台、茅屋顶上或金色圆顶上喝醉的士兵是经常"光顾"他作品的形象。

夏加尔的作品给来"蜂巢"拜访的未来的苏联人民教育委员安·卢那察尔斯基留下了深刻印象，后者称夏加尔为"诗人"，"追求用线条和色彩来表达自己不凡的灵魂并以独特的方式实现的诗人"。

在巴黎的4年通常被视为他整个艺术生涯中最突出的阶段，他营造出的视觉隐喻在20世纪早期先锋艺术中无人匹敌。阿波利奈尔说他的作品是"超自然的"，布雷东说这是"全部抒情的总进发"。

1914年夏天，夏加尔返回俄罗斯。他画抒情诗般宁静的生活，如《窗外的景物·维捷布斯克》（1914）、《理发馆》（1914）、《利奥兹诺的房子》（1914）。一生坚持诗歌创作的夏加尔，这时将诗歌的写作方法融入了绘画之中。他画中的人物在天空中散步就像在地上时一样自然，如《维捷布斯克上空》（1914）、《散步》（1917）、《城市上空》（1914—1918）。云中的客人出现在画家的画室，如《自画像与缪斯·幻想》（1917—1918）。画家笔下的人、景、物，既有人世的习性，同时又呈现出浩渺宇宙中的时空象征，前者如《开向花园的窗》（1917）、《有花的内景》（1918），后者如《钟》（1914）、《镜子》（1915）。

在作品《恋人·散步》中，画家描绘的是自己和妻子贝拉。像一名杂技表演者，画家单手举起贝拉，翱翔在天际。而贝拉是缪斯，她自己没想到画家不能摆脱重力作用。她轻松自然地在天空飞翔。在画家以后的作品中，他本人与贝拉一同飞上了天空。

战争的苦难和悲伤，流淌的鲜血，在这一时期的作品《战争》《结茅节》《红色的犹太人》中也有体现。

1923年，夏加尔重返巴黎。由于战争，画家九年前留下的150多幅作品丧失殆尽。他心疼至极，在接下来的几年里，把精力大多花在了重画这些作品上。

从1925年起，画家的油画色调像阳光照耀下的浮沉，闪烁着纯矿物颜料的色泽：群青、金黄、钴蓝和朱红组合成一首首高雅的彩色交响乐，演绎出幸福洋溢的画面。《手持康乃馨的贝拉》中，贝拉捧着红玫瑰眼神坚定地站在夏加尔身边，夏加尔奋笔在画布上涂抹。《床边的女儿伊达》，则散发出夏加尔内心的宁静与安适，慈父的柔情爱意以水彩画般的透明度表现出来，安静怡人。

重返法国的十几年，画家内心世界的喧嚣纷扰逐渐消失了，这段时期的作品仅限于几个题材：情侣、鲜花、几头悠闲的母牛和摇摆不停的挂钟。阳光明媚的乡间流溢着轻盈的情感,此时的《农家生活》成了《我和村庄》的"法国化"诠释。

《战争》《魔力》《黄色受难十字架》表现了"二战"时期画家对时局的忧患。耶稣的形象再次出现在夏加尔的画中,仿佛只有上帝能够抚平绝望、减缓伤痛。

在夏加尔的创作中,爱情题材永远与飞翔相关:画家描绘自己与贝拉一同飞翔。1944年9月2日,他的贝拉在没有心爱的丈夫陪伴下"独自飞翔"而去。整整9个月,画家无法重握画笔,就这样独自待着,等待着时间悄无声息地将这一切悲痛带走。1945年春,他把以前所画的《喜剧小丑》割开,画成两幅画《婚礼上的蜡烛》和《与她在一起》,充满了悲伤和悼念的隐喻。

从美国回来后,夏加尔只在巴黎待了很短的时间,就带着弗吉尼亚去了外省,在奥热瓦尔镇的乡村别墅里,他的悲伤似乎正在逐渐褪去,小提琴变回了靛蓝色,奶牛变成了杏仁色,公鸡是翠绿色的,月亮是灰绿色的。但《夜景》依然暴露了他的心底,低沉的夜色中,新娘穿着婚纱骑着马在空中飞向烛台,那绝不是弗吉尼亚,那依然是贝拉。

弗吉尼亚离开后,夏加尔再次孤身一人。像"二战"时期一样,宗教场景再次出现在他的作品中。

瓦瓦走进夏加尔的生活后，画家的创作获得了前所未有的广泛认同。他画作的价值急速攀升。大收藏家们争相购入他的作品。甚至在他与瓦瓦常去的饭店中，也有人向夏加尔购买作品。画家一般随身携带2—3支铅笔和色笔，如遇人购画，就直接画在餐巾纸或桌布上。这样的即兴创作一般值100到200法郎。马克·夏加尔成为毕加索和马蒂斯之后，作品价值第三高的法国画家。

1975年画家创作了许多宗教和精神世界题材的作品：《堂吉诃德》《坠落的伊卡洛斯》《约夫》《浪子》。

夏加尔油画的特点就是夸张的色彩，这正是他作品的"名片"。画家曾说："我在俄罗斯的画作都是没有色彩的。在俄罗斯一切都是晦暗的，所有的事物都蒙上了棕灰的色调。来到巴黎后，我被丰富的色彩所震惊。"当作者笔下的"色彩在歌唱"（巴克斯特评语），他的作品就开始拥有了自己的风格。

夏加尔作品中的色彩还随着岁月境遇和画家精神状态的变化而变化：从早期的阴郁晦暗到巴黎的绚丽多彩，从维捷布斯克的绿色到招牌式的夏加尔蓝，直至晚年在年轻时代的蓝色中混入很多黑色，不经意间晕染出厚重阴郁的深蓝色。

（2）版画

夏加尔在柏林时曾学习雕版技法。1923年，他受巴黎艺术品商人A.沃拉尔之托，为果戈理长篇小说《死魂灵》的豪华版蚀刻一套插图，从而使他有长期从事版画的经历。在此后三年间，他为果戈理的名著制作了107块整页大的图版。

1927年，系列插图第一版出版，法语版的翻译工作随即启动。遗憾的是，沃拉尔1939年逝世，未来得及出版插图版。直至战后巴黎出版商E.泰里亚德拾起沃拉尔的遗业，1948年《死魂灵》得以出版，每章的章首加一蚀刻版画，增11幅，总共118幅。

完成《死魂灵》的插图创作后，夏加尔又陆续为拉封丹的《寓言》和《圣经》创作了大量版画，均取得广泛的赞誉。而夏加尔也因此成为黑白版画大师，并把插画创作这种艺术体裁提升到高贵的地位。

（3）巨型艺术

一是穹顶画/壁画。

1963年，尽管备受犹太血统、非古典画法等非议，夏加尔还是接受了法国文化部长邀约为巴黎大歌剧院创作穹顶画。1964年9月23日巴黎大歌剧院举办了隆重的穹顶画揭幕仪式。

在穹顶画中，夏加尔按色彩分为白色、蓝色、黄色、红色和绿色五个区域，每个区域都运用他惯用的创作主题——音乐家、舞者、恋人、天使、动物等——表现了一个或两个经典歌剧和芭蕾剧目：

白色区域：《佩利亚与梅丽桑》（德彪西）

蓝色区域：《鲍里斯·戈杜诺夫》（穆索尔斯基）、《魔笛》（莫扎特）

黄色区域：《天鹅湖》（柴可夫斯基）、《吉赛尔》（亚当）

红色区域：《火鸟》（斯特拉文斯基）、《达芙妮与克罗埃》（拉威尔）

绿色区域：《罗密欧与朱丽叶》（柏辽兹）、《特里斯坦与伊索尔德》（瓦格纳）

在围绕着吊灯的中心区域，夏加尔还塑造了比才的《卡门》及贝多芬、威尔第和格鲁克歌剧中的经典形象。

穹顶画中还描绘了巴黎的风景名胜：凯旋门、埃菲尔铁塔、波旁王宫、加尼叶歌剧院。

夏加尔为大歌剧院创作的这幅穹顶画与20世纪80年代贝聿铭为卢浮宫增添的玻璃金字塔，被誉为巴黎建筑中现代艺术与古典风格完美结合的双璧。

二是镶嵌画。

1960年代起，夏加尔陆续收到来自欧洲、美国和以色列天主教堂、路德教堂、犹太教堂和公共部门的装饰创作邀约，创作了多幅马赛克/玻璃镶嵌画。代表作有：以色列耶路撒冷哈达萨犹太教会医院（1960—1962）、美国纽约联合国总部（1964）、美国芝加哥艺术学院（1977）、法国洛林省梅斯圣史蒂芬大教堂（1958—1968）等地的玻璃镶嵌画。

（4）舞台艺术

1920年夏加尔应邀为莫斯科犹太人室内剧院装饰大厅。为此，夏加尔共创作了9幅墙画，迄今保留下来7幅。

1941—1944年，画家在美国期间，与利奥尼德·米亚辛（Леонид Мясин）一起为拉赫玛尼诺夫基于普希金长诗《茨冈人》创作的芭蕾舞剧设计舞台背景。芭蕾舞剧取得巨大成功，舞台背景也给观众留下深刻印象。

1945年，夏加尔着手为伊戈尔·斯特拉文斯基的《火鸟》作舞台美术设计。他为此设计了一块幕布、三场戏的舞台布景和80余套芭蕾舞服。《火鸟》的首演取得巨大成功。

03

灵感的源泉是故乡

夏加尔被称为梦想家、幻想家、神话创作者、魔术家，在他身上兼具拟古主义者与革新者的特质，与原始主义、表现主义、超现实主义和其他现代艺术流派相近，但是任何定义都无法解开夏加尔的创作之谜。就像梦境无法用清醒的理智解释，而隐喻也只能用其他隐喻呼应。

　　夏加尔生于一个贫穷的犹太人家庭。无论是家庭氛围，还是维捷布斯克乡间的生活环境，似乎都不能促进夏加尔艺术才能的发展，然而正是这里成为夏加尔灵感的源泉，滋养着他一生的创作。

　　夏加尔童年的现实生活成为他最奇特的幻想源泉：家人、房子、维捷布斯克——夏加尔艺术世界的起点与中心。而同样来自维捷布斯克的爱人贝拉是他一生创作的缪斯。

　　夏加尔曾经形容当时世界艺术之都巴黎是"我的第二个维捷布斯克"。"即使来到巴黎，我的鞋上仍沾着俄罗斯的泥土；在千里迢迢外的异乡，从我意识里伸出的那只脚，使我仍然站在滋养过我的土地上，我不能也无法把俄罗斯的泥土从我的鞋上掸掉。"

　　画家的幻想勾连着他的回忆，将真实与梦幻融合在色彩的构成中，凝聚出一幅幅独放异彩的作品。

　　而 20 世纪初的维捷布斯克，现在也只能在夏加尔的画中看到。

　　1997 年白俄罗斯首次举办了夏加尔作品展览。

（作者夏海涵，华东师范大学出版社有限公司编辑）

Chapter 08

"英雄"艺术家

——米哈伊尔·萨维茨基

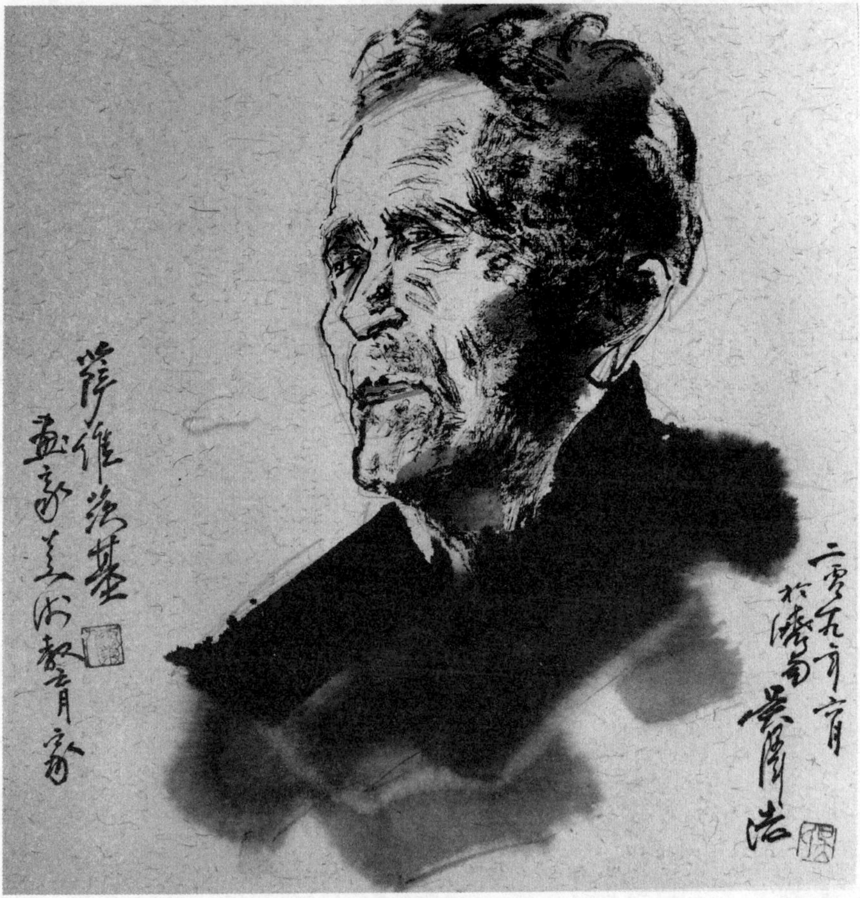
萨维茨基

米哈伊尔·安德烈耶维奇·萨维茨基（Михаил Андреевич Савицкий，1922—2010），杰出的白俄罗斯画家、美术教育家。出生在白俄罗斯维捷布斯克的一个农民家庭。1940年6月，萨维茨基高中毕业。9月，应征入伍。曾被派往高射炮青年指挥官学校学习，担任航空学校试验场场长助理。1941年冬起参加苏军保卫塞瓦斯托波尔城和黑海舰队主要基地的战役，1942年7月被俘，关押于德军在塞瓦斯托波尔近郊设立的集中营。9月被押往德国北莱茵－威斯特法伦州"俄国战俘集中营"。后辗转多个集中营，屡遭磨难，直到1945年4月被美军营救。1946年12月初，从苏军退役。1947年8月，考入明斯克美术学校学习。1951年夏，又考入莫斯科苏里科夫美术学院深造。毕业后，从莫斯科回到明斯克，从此开始了他的美术创作生涯。

在白俄罗斯当代艺术史上，萨维茨基的地位重要而崇高。他是迄今唯一一位荣获"白俄罗斯英雄"称号的艺术家，也是第一个获得国家奖章"弗朗齐斯科·斯科林纳勋章"的人。作为20世纪60年代的"画家先锋"，萨维茨基破除成规，大胆创新，以《游击队员们》《维捷布斯克的大门》等作品享誉画坛，成为白俄罗斯造型艺术和白俄罗斯文化的重要标志。

萨维茨基在多个国家举办过画展，作品被白俄罗斯、俄罗斯、保加利亚等国最重要的美术馆和博物馆收藏。在他生前，白俄罗斯政府就作出决定，在首都明斯克建立一个以他名字命名的美术馆。

萨维茨基用自己的画作为世人留下了一个时代的史诗。而他自己艰辛坎坷的人生道路、艺术奥林匹亚山的攀登历程，本身就是一部史诗。

01
家乡和家庭的影响

1922年2月18日，萨维茨基出生在白俄罗斯维捷布斯克州托洛钦区兹韦尼亚奇村。托洛钦区景色如画，兹韦尼亚奇村草木茂盛。春夏两季，每当夜幕降临，街上笑语欢歌。村名或许因此而来（"兹韦尼亚奇"俄语意为"声音响亮"）。老人们会坐在木屋门口，笑盈盈地看着散步游戏的青年。国内战争的硝烟没有燃烧到这片世外桃源，苏维埃政权在这里牢牢地扎下了根。

萨维茨基全家7口人：父母、3个哥哥、他和妹妹。

父亲是铁路修理工，勤劳能干。闲暇时在村里刻木窗，做马具，木工锻造，样样在行。他胡须浓密，目光高傲，外表严厉。多年后，萨维茨基的《处决》中那位白发白须的主人公就是按父亲的样子画的。

母亲是农庄庄员，善良贤惠，大家都亲切地叫她"阿妮娅大婶"。村里几乎所有的孩子都是她接生的。当自家院子瓜果成熟的时候，她会请全村的人来品尝。家里有两台纺车，母亲纺纱织布。村里的人都穿过她做的衣裳。母亲裁剪时在布料上画的线条，准确而漂亮，给童年的萨维茨基留下了深刻印象。母亲做的衣服，极具民族特色。后来，萨维茨基在创作《晒亚麻》等作品时，脑海中都会浮现出母亲做的亚麻衬衣上的小花图案。而他自己最喜欢穿的，也是妈妈缝的衬衫和织的毛衣。

在萨维茨基的记忆里，祖母个子很高，身材干瘦，有一双能看透人心的黑眼睛，像吉普赛女人一样。言语尖刻，难以接近。她是《面包》里妇女的原型。

萨维茨基的童年是在田头和父亲的工匠铺里度过的。四五岁的时候，曾几次一个人"出走"，他想走到地平线的尽头，"看看后面藏着什么奇迹"。周围的一切都令他感兴趣：木屋、草棚、水井、家畜、飞鸟，还有勤劳的蚂蚁。有一段时间，他对马很着迷。家里养的马脾气暴躁，但对小萨维茨基很温顺，似乎知道他是个善良的孩子。后来，马被送到集体农庄，但每次走过他们家，都会把头伸进打开的窗口讨吃的。喂它以后，它会抖抖鬃毛表示感谢。1962年，萨维茨基创作了《在土豆地里》，画面中央是一匹红马和穿着红色背心的小男孩，后面是犁地的农夫。这一切都源自童年的记忆。

萨维茨基最初接触到的绘画作品有两种。一是传统的圣像画。那个年代，提倡无神论。圣像被扔出教堂，散落在路上。父亲深夜把它们捡回来，藏到阁楼里。萨维茨基偶然发现了这些圣像，一个神奇的世界展现在他眼前。他甚至还觉得，圣像上有些面容与自己父亲的样子很像。另外是两幅印刷品，也是父亲带回来的：鲍·库斯塔季耶夫的《送冬狂欢节》和瓦·苏里科夫的《近卫军行刑的早晨》。尽管质量粗糙，但萨维茨基很珍惜。他很惊讶：小小的画幅竟包含那么多东西！绘画，对他来说，像谜一样。

七年级的时候，他曾试着为父亲画像。尽管画得不像，但父亲还是对他勉励有加。此后，他一直努力地画画，周围可画的东西不计其数：打开房门，便是广阔的田野、茂密的森林……

那是一个天翻地覆、高歌猛进的时代。农庄建立了共青团组织，在阅读小屋、舞蹈小组举办各种活动。3个哥哥是这些活动的中心人物。萨维茨基深受影响。七年级时他加入了共青团，担任过农庄团支书。十年级时，被选为团区委委员。组织布置的每项任务，他都尽心竭力地去完成。多年后，他创作了《共青团员》《共青团员的誓言》《在夜间》，献给共青团地下抵抗运动的战士们。

萨维茨基喜欢读书。父亲订阅的《环球》杂志，附赠杰克·伦敦和亚历山大·普希金的作品集。萨维茨基饶有兴趣地阅读这些作品，希望自己也能像里面的主人公一样，目标明确、坚强勇敢。除文学外，他还喜欢物理、数学、无线电和一切与发明创造有关的东西。放学后，他常常在父亲的工匠铺里帮忙。

对萨维茨基来说，家乡是那一直洋溢在村子里的香甜气息："当年，沿着村里小路去上学，邻居烤面包，香气四溢。前面，有人在煎土豆……再往前，牛棚里飘来新鲜的牛奶味……苹果、樱桃、梨、丁香、茉莉盛开的时候，香味神奇而迷人……生活也因此变得更加美好……"但这一切，都在1941年的夏天被改变了：战争开始了。

02

身陷法西斯集中营

1940年的6月，萨维茨基高中毕业。9月，应征入伍。当时，在红军服役是一件光荣的事情。接到通知后，萨维茨基到二十多千米外的托洛钦市报到。他原以为，去部队之前还能回家待一两天。但他没有想到,这是战前他在家乡的最后时光。新兵们被立刻送往兵营。许多人后来再也没有回到故乡。萨维茨基的两个哥哥——阿列克谢和弗拉基米尔于1942年和1943年先后在战场上捐躯,至今都不知道他们长眠何处。另一个哥哥伊万活了下来,但浑身伤残,1961年因旧伤复发而去世,年仅46岁。

战争爆发后,萨维茨基被任命为分队长,和新战士一起,奔赴前线。在路上,他读到了《真理报》上发表的白俄罗斯诗人雅库布·科拉斯的新作《给疯狗套上锁链!》,作品充满了必胜的信心。

萨维茨基先是在新罗西斯克的库尔斯克第545高炮团服役。经过一个月培训,他很快掌握了所有的技术和作战要领。接着,他被派往顿河罗斯托夫高射炮青年指挥官学校学习,没有毕业就被调往格罗兹尼市,担任航空学校试验场场长助理。周末,萨维茨基和战友们常去红军剧院看戏。后来成为著名表演艺术家的谢·邦达尔丘克、因·斯莫克图诺夫斯基和列·布洛涅沃伊都在剧院演出过。

1941年冬至次年7月,苏联红军为防守和夺取塞瓦斯托波尔城和黑海舰队主要基地,与德国法西斯展开了艰苦卓绝的战斗。德军集结35万兵力,投入了前所未有的重炮部队进行攻击。苏军英勇抵抗,牺牲24万余人。最终,塞瓦斯托波尔因后勤不济而陷落。

萨维茨基全程参加了这场持久而惨烈的战役。他后来回忆道："最主要的是缺少弹药。法西斯攻入城市的时候，我们近1000名战士退守到郊区。我们利用岸边灯塔旁的石堆做掩护，又坚持抵抗了5昼夜。每颗子弹都无比珍贵。但到了第五天，子弹打光了……每次坐下来的时候，都会觉得，再也没有力气站起来了。但一次又一次地站立起来：肩负的职责给你力量，让你坚持到底。这不是豪言壮语，事实就是这样……"

1942年6月30日，德军对退守到灯塔旁的苏军狂轰滥炸，从早上9点一直持续到晚上21点，各种型号的炸弹铺天盖地。苏军困守的狭长地段，成了尸山血海。

7月4日，苏军组织了最后一次抵抗。此后，零星的反抗还坚持了数天。萨维茨基和战友们试图转移到山里去与游击队汇合，但没有成功。只有少数人得以突围。萨维茨基周围始终炮火连天，土石飞扬。最后，右耳边一声巨响，他失去了知觉。醒来时，看到的是端着自动步枪的德国兵的狰狞面目。

德国法西斯在塞瓦斯托波尔及其近郊设立了近30个集中营。1942年7月，天气异常炎热。战俘们饥渴难忍。如果有谁试图到壕沟里去弄些脏水解渴，就会被枪毙。法西斯还想出一个折磨人的方法：让战俘吃战前腌制的极咸的凤尾鱼，但不给水喝。许多人精神错乱，喝小便，吃雨后潮湿的污泥。战俘们被赶到葡萄地里排雷，但没有任何工具：他们一步一步往前走，以身试雷。爆炸声起，人瞬间就飞上了天。被炸伤的，看守立刻过来补上一枪。

监舍16平方米，关押40个人，战俘们晚上只能侧着身子睡觉。传染病肆虐，每天都有十多个人死去。食物是土豆皮做的面糊，一天只有一顿。很多人没有碗，面糊只能盛在帽子里，或者直接倒在牲口槽里。偶尔，会发一小块用糠皮和向日葵叶做的"面包"。战俘们被不停地凌辱、殴打。法西斯还采用中世纪的酷刑：用烙铁烫，把尖针插进指甲……

多年后，有人觉得萨维茨基关于集中营的某些回忆是"艺术性的虚构"。但是，他所讲述的都是事实，法西斯的残酷是一般人难以想象的。

在尼古拉耶夫集中营，萨维茨基曾经逃跑过两次。第一次在当日就被抓了回来，惨遭毒打。第二次，他藏身到军营边装过沥青的空桶里，很快觉得呼吸困难，手脚麻木，但他坚持到夜里，逃出集中营。他拼命地跑，想尽可能跑得远些。路上，他捡到了一件农民的旧衣服，立刻换到身上。到早晨，他发现，其实只跑出十多公里。他来到最近的一个村子里。周围很安静，他想讨口水喝，于是走进一个小屋，里面却是一群警察。原来，在这个村子里干活的，也是来自尼古拉耶夫集中营的战俘。警察竟没有问这个"流浪汉"是谁，从哪里来，马上把他编入劳动大队。

1942年9月，柏林指示，把尚能劳作的战俘立刻送到德国：第三帝国需要劳力。萨维茨基被押往北莱茵－威斯特法伦州"俄国战俘集中营"。三周后，他和一小批有技术专长的难友，被送到杜塞尔多夫集中营车辆制造厂。那里的条件依然是非人的。不过，法西斯不再动辄杀人：活的劳力比死的战俘对帝国更有用。

萨维茨基被编入电焊组。培训时，教他们焊接，一再告诫要焊满。相反，萨维茨基也懂得了怎么能不焊满。他摸索掌握了这样一种焊接本领：焊缝看似正常，但经过若干时间，当机车行驶时，焊缝会开裂。在无比艰难的条件下，萨维茨基和难友们想方设法给敌人制造"更多的麻烦"。渐渐地，一个抵抗小组形成了。主要领导人是格·卡尔尼洛夫，一位1920年入党的忠诚的布尔什维克，被俘前是克里米亚斯大林游击小队政委。他的英勇、坚毅深深地吸引了萨维茨基。后来，荷兰、希腊、南斯拉夫和意大利等国的战俘也陆续被押送到这个集中营。他们中的大多数，都是反法西斯战士。这些人逐渐和卡尔尼洛夫小组建立起了联系。有组织的对抗开始了。很多机车没开过一站就出了问题。许多坦克失灵，需要回厂返修。一天，电焊车间甚至发生了一次"意外"的爆炸，设备受损严重。

战俘们的口粮依然只是一勺面糊。由于饥饿，战俘们全身浮肿。他们罢工抗议。萨维茨基学过德语，挺身而出，代表战俘提要求。他和另外两位同志被投入与死牢无异的"隔离房"，关了好几天。但罢工的目的达到了：伙食得到了一定的改善。

从塞瓦斯托波尔战役起，萨维茨基就再也没有摸过画笔。战俘中，法国人对苏联的兴趣最大。他们读过列夫·托尔斯泰、陀思妥耶夫斯基、契诃夫和20年代在巴黎生活过并且描写过这座城市的马雅可夫斯基的作品。萨维茨基给他们讲述他所知道的关于俄苏作家的一切。法国人的兴趣，也激发了萨维茨基继续作画的愿望。他悄悄地画了一些俄苏著名作家和领导人的肖像。战俘们争相传阅。当然，要严格保密，据说希特勒有个特别命令：对有绘画才能的战俘，首先严惩。

因为战俘中混入了密探，抵抗小组有暴露的危险，所以，卡尔尼洛夫、萨维茨基等伺机逃离集中营。他们经历了千难万险，最终还是被抓了回来。法西斯给他们戴上沉重的手铐脚镣，将他们打入死牢。他们已准备好慷慨赴死，但几天后又被押往布痕瓦尔德集中营。

布痕瓦尔德集中营建于1937年，离魏玛城不远。具有讽刺意义的是，魏玛是歌德、席勒和巴赫等文化名人生活过的地方。集中营很大，光守卫就有6000人。战俘的生活条件更加恶劣。每天都有上百人死去。死人们的衣服，瞬间就被剥下来分掉，所以，尸体通常是赤裸着被拖往焚尸炉的。囚徒们每天干活14个小时，但只有150克"面包"和一小碗汤。

每个囚徒胸口都有一个倒三角的标志，上面写着囚徒国籍的第一个字母。三角形有不同颜色：红色是共产党员、左翼人士、无政府主义者、工会成员等；绿色代表刑事犯；黑色表示精神病患者、酒鬼、流浪汉、妓女、女同性恋者；棕色为吉普赛人；粉色指男同性恋者、乱伦者；而红三角覆在黄三角上则意味是犹太人……囚徒进入集中营后，第一天就要用德语记住自己的编号以代替姓名。萨维茨基的编号是103815。

最可怕的地方是焚尸间。囚徒们被通知去"体检"，脱光衣服后，他们被从背后击毙。尸体先运到分拣处，撬下金牙，再被投入焚尸炉。集中营被攻破前，焚尸炉日夜火光冲天，但还是来不及处理完尸体。后来，法西斯们直接在地上挖坑焚尸。还要让囚徒组成"服务队"，把尸体搬到空地上，层层叠放。这些场景深深地印入萨维茨基的脑海里。多年后，都在他的画作上得到再现。

1944年2月，萨维茨基被押往位于德国南部的多拉集中营。这里的地下工厂在秘密制造飞行导弹。除了党卫军外，一批特殊囚犯也参与集中营的监管，他们是战前因各种罪行而被德国法庭判处监禁的刑事犯，非常凶横，一如他们牵着的嗜血如命的狼狗。

1945年初，萨维茨基和其他难友一起，被塞进闷罐车，运往位于慕尼黑附近的达豪集中营。大家都知道，道路的尽头是死亡。萨维茨基的衣服里藏了一把小刀，那是先前他用一小块面包换来的。作为铁路修理工的儿子，他很了解车厢的构造。借助那把刀，他在地板上弄出了一个洞。当列车拐弯或者途径小站放慢速度时，战俘们便从那个洞里钻出去。就这样，一节车厢40个人，先后逃走了22个。包括萨维茨基在内的另外18人，未能逃脱。德军发现后，对战俘们进行了残酷惩罚。萨维茨基被打得奄奄一息，扔进"惩罚车厢"。他躺在地上，身体被罩上铁丝网，长时间没有吃喝。

在萨维茨基经历过的集中营里，达豪是最后一个也是最可怕的一个。德国法西斯还建了奥斯维辛、毛特豪森等规模更大的集中营，但达豪是所谓的"样板"。用慕尼黑东正教主教约翰（他当年也被关押在集中营里）的话来说："在这里，魔鬼撒旦建立起自己的地狱宝座。"但是，即使在这个人间地狱里，萨维茨基还是坚信，法西斯不可能长久，正义一定会战胜邪恶。

纳粹制订了惨绝人寰的屠杀战俘和清除集中营计划。1945年4月14日,希特勒指示:"一个活的战俘都不能落入敌人手中。"4月26日,7000名战俘被押往山里,做"死亡行进"。萨维茨基和其他"伤寒病人"被留在兵营,等待处决。

但是,那天有两个囚徒得以逃脱。他们找到了正向慕尼黑进军的美国部队。美军立刻改变原定计划。29日凌晨,美军的坦克朝达豪驶来……

当天傍晚,美军医疗队来到被解放了的达豪集中营。萨维茨基和难友们得到救治。几天后,苏军代表也抵达达豪。

03
踏上美术之路

萨维茨基通过了有关部门的审查,1945年6月初,被编入苏联红军第6近卫机械师288机械高炮团。该师由苏联英雄谢·普世卡廖夫少将指挥。萨维茨基担任美术宣传员。跟着部队,足迹踏遍奥地利、匈牙利、德国……

1946年12月初,萨维茨基退役。8个月后,他向刚建立的明斯克美术学校递交了入学申请。

考试的时候,老师瓦·沃尔科夫把一张揉皱了的纸扔到桌上,对站在他面前的萨维茨基说:"年轻人,请把这个画出来。"一团纸,比一个陶壶、一块砖或者一块布料更难画。萨维茨基反复修改,甚至在纸上擦出了一个洞。老师严厉地对他说:"年轻人,您来错了地方,您应该去做粉刷工。"经历过大苦大难的萨维茨基坚韧不拔。认定了目标,便默默前行。最后,"静物"考了3分,"构图"得了4分。他如愿以偿,进入美校学习。

据同学回忆,萨维茨基寡言少语。同学们常常就印象派、巡回展览画派、"艺术世界"、列宾、谢罗夫、伦勃朗、高更等进行争论,他几乎不参与。他是唯一一个在入学前没有接受过正规美术教育的人。要跟上全班的步伐并不容易。但他非常刻苦,专心致志。不久,就和大家齐头并进了,在某些方面甚至还超过了别人。到三年级时,更是脱颖而出。

在集中营受折磨而导致的胃溃疡时时折磨着他。老师同学劝他去看医生,但他不肯放下手中的调色板,"我没时间!"他说,"等稍空一点,我就去……"但他永远没空。萨维茨基还参与学生会和工会工作,有出色的组织才能。后来成为著名画家的尤·特什克维奇一直记得萨维茨基为没有冬装的他提供冬帽和皮靴的事。

有关在集中营中的遭遇,他几乎对谁都没有说过。而且,大家都知道，萨维茨基一直处在克格勃监视下，时常被叫去"谈话"。他有时甚至会听到一些侮辱性的言语。

1951年夏天，萨维茨基以优异的成绩从美术学校毕业，他和同学维·葛罗米柯等3人决定报考莫斯科苏里科夫美术学院。9月底，他们乘火车前往莫斯科。一路上，萨维茨基一直没有脱下上装：衣袋里装着白俄罗斯人民画家、最高苏维埃代表伊·阿赫列姆奇科致美术学院院长、招生委员会主席费·莫多罗夫的推荐信。在明斯克美校求学时，萨维茨基曾租住过阿赫列姆奇科的房子，画家了解这位勤奋、出色的小伙子。

凭着优异的成绩和杰出的才能，萨维茨基成为以俄罗斯伟大画家苏里科夫名字命名的美术学院的学生。美院的宿舍位于里加火车站的后院，条件十分简陋。一个房间，要住10多个学生，最多住过22个人。床铺就是学生的整个天地：是起居室、餐厅、画室和储物间。萨维茨基一直面带病容，引人注意、同情和尊重。他很内向，全身心地沉浸在学习和创作当中，其他的一切，对他而言，仿佛都不存在。三年级的时候，萨维茨基在宿舍房间的角落里得到了一个位置。他拿一个柜子，把空间隔开，在灯上安装了一个自制的罩子，这样，光线就能集中到书本和画板上。每天，他都是凌晨2点以后就寝，一早，匆匆吃一口早饭，便跑着去上学。二年级的时候，他就获得一般发给三年级学生的苏里科夫奖学金。三年级时，因学习成绩优秀并且作为班长工作出色，他成为斯大林奖学金获得者。要把在战争中失去的时光夺回来，成为一名真正画家的强烈愿望，使他拼命地学习和创作。院长莫多罗夫说："这是我们学院最刻苦的学生。我们会为白俄罗斯培养出一名教授的。"

当时在美院授课的有伊·戈拉巴里、谢·盖拉西莫夫等大师和尤·库加奇、康·马克西莫夫等著名画家。其中，德·莫恰里斯基（艺术大师彼得罗夫-沃特金的学生）与萨维茨基的关系最为密切。莫恰里斯基从不干预学生的创作，而是结合画作，具体分析，给予指导。他强调，专业技巧只是为了表达内在思想和情感的手段。一旦在学生身上发现天才的萌芽，他会竭尽全力，培养其发展。萨维茨基把他称作是自己"无比尊敬的老师"。讲授艺术理论的尼·特列季亚科夫对萨维茨基的影响也很大。他认为，斯拉夫主题源自古俄罗斯民间文化，在安·鲁勃廖夫和季奥尼西的圣像画和壁画中得到真正的体现，此后在亚·伊万诺夫、阿·萨夫拉索夫、瓦·苏里科夫、米·涅斯捷罗夫等人的创作中得到继承。

求学期间，萨维茨基到过同学米·索科洛夫的父亲、院士、库克雷尼克塞成员尼·索科洛夫的书房和画室，丰富的画册和文献收藏，令他大开眼界。萨维茨基毕业作品的答辩老师米·拉巴诺夫的书房也为他打开了一个全新的世界。他对革命前出版的《阿波罗》《首都与庄园》等杂志和精美的书籍非常感兴趣。在那里，他看到了涅斯捷罗夫、米·弗鲁别利、库斯塔季耶夫等名家的原作。拉巴诺夫家的客厅，很多伟人都来过，包括苏里科夫。那里的沙发，马克西姆·高尔基、弗鲁别利曾经坐过。萨维茨基也去坐了一下，感觉很特别。

在他求学期间，莫斯科经常举办各种画展，他徜徉其中，流连忘返。但最吸引他的，还是收藏俄罗斯经典画家杰作的特列季亚科夫美术馆。他最钟情涅斯捷罗夫、苏里科夫、尼·格、瓦·谢罗夫的作品。在普希金造型艺术博物馆举办的德累斯顿博物馆画展上，在拉斐尔（意）、丁托列托（意）、维米尔（荷）、苏尔瓦兰（西）等大师的画作前，他听老师讲授艺术史。有时，他会去列宁格勒，参观埃尔米塔日博物馆、俄罗斯博物馆，欣赏无与伦比的建筑，呼吸涅瓦大街上清冽的空气，那是绘画大师卡·勃留洛夫、伊·列宾呼吸过的空气。

暑期实习，同学们都去学院在克里米亚的创作基地。但萨维茨基申请回白俄罗斯。毕业作品《高歌》的草稿就是在故乡大自然的怀抱里诞生的：傍晚，一队集体农庄女庄员，运着刚割下的干草，唱着歌，走在乡村的道路上。《高歌》完美地体现了白俄罗斯的自然景色和生活在这片土地上的人们的昂扬心境。

美术学院毕业后，萨维茨基从莫斯科回到明斯克。

在近半个世纪的时间里，白俄罗斯绘画走过了一条不平凡的道路：学院派、新先锋派以及介于两者之间的各种派别都曾各领风骚。但留下深刻印迹的则是那些探寻造型艺术本源，并在其中表现大写的真、善、美的画家。萨维茨基是这类画家的杰出代表。

在萨维茨基的艺术语汇形成过程中，19世纪俄罗斯现实主义起了奠基性作用。此外，世界绘画艺术——从文艺复兴一直到20世纪上半叶的欧洲和墨西哥艺术也产生了重要影响。罗马尼亚著名画家科·巴巴曾经说过："我在传统和信念上是个现实主义者。我尝试利用一切在过去几百年的艺术里我觉得珍贵的东西。"这段话也能作为理解萨维茨基创作的一把钥匙。

20世纪50年代末60年代初，在尼·赫鲁晓夫的改革、苏联社会"解冻"的影响下，年轻的艺术家们，尝试重新认识世界和自我，在作品中积极表现人道主义思想。绘画领域出现了"严肃风格"，其特点是描绘生活中的艰辛和困苦，追求艺术形象的悲剧感，融入哲理性的思考。萨维茨基生活感悟能力所带有的正是"严肃风格"：持之以恒、目标明确地探索真理，不能容忍任何的虚假与谎言。而人格和创作上的自由与独特始终是他的第一追求。

对于萨维茨基而言，毕业后的最初几年是一个探索阶段，是在投身到对战争与和平问题深入思考前的"试笔"。萨维茨基的公民立场在其早期创作中已有体现，作品反映人及其在和平土地上平凡劳动中的伟大。这些画作都带有那个时代的特点，但是，里面已经包含着"宏伟、深刻"的元素。而"宏伟、深刻"是"严肃风格"的先声。

萨维茨基的早期创作题材多样，有关于战争的《义勇军》和《受伤的游击队员》，有展现民风的《面包》和《土豆地》，有几乎像政论型海报一般的《责任》和《工人》。在构图方面，既有《致敬义务》《责任》等多人物场景的，也有《晒亚麻》《亚麻种植手》等以凝练、简约和人物行动具有仪式感见长的。同时，所有这些作品，都由相同的东西连接贯穿，那就是对社会的敏锐观察，对变化的感觉把握，对平庸、惰性和保守的无情批判。

1963年，通过创作《游击队员们》，萨维茨基成为"严肃风格"领军人物之一。他本人也认为《游击队员们》是自己创作中的一个重要分水岭。他的作品开始以内在的张力打动人。大的尺幅、简约的造型与构图、纪念性的形式，成为萨维茨基作品的主要特征。而反映具体生活，包含深刻寓意，善于以小见大，在普通事物中展现美好和永恒则是萨维茨基作为画家最大和最宝贵的才能。

《游击队圣母》(1967)是萨维茨基的艺术哲学与创作理念的重要体现。画作色彩以红褐为主,具有紧张和沉重的感觉,层层山丘构筑出球形空间,使画面具有封闭的完整性,同时又赋予更宽广的、"全球的"的象征含义。作品撼人的冲击力源自一组对比。一方面,阴郁的天空,焦土遍地,身着戎装的战士,弯腰弓背的农妇。另一方面,是"上升"在这一切之上的母亲的形象,一位正在给孩子喂奶的"游击队圣母",理想和生命的化身。她的脸庞、身姿、动作,既透露出柔美的母性和淡淡的忧伤,又传递着能够战胜一切艰难困苦的坚毅。作品在结构和人物造型上几近完美。表现的场景并非完全写实,但人物形象具体而真实。在意蕴上,与古俄罗斯圣像画和彼得罗夫-沃特金的画风形成对应。

萨维茨基在进行具有重大社会意义作品的创作时,积极借鉴世界绘画艺术的经验和传统,大胆探索新的表现形式,不带任何美饰和程式化地表现人的命运与事件的真相。而这在当时也成为萨维茨基遭到批评的原因。

萨维茨基非常勤奋。他每天早上8点来到画室,一直工作到晚上。没有助手,作品上的每根线条都是他亲自绘画的。勤奋使他成果丰硕。1967—1970年间,他完成了14幅画,包括著名的《游击队圣母》《维捷布斯克大门》和《处决》。萨维茨基在时间方面非常吝啬,他希望把分分秒秒都用于绘画。当时间被与绘画无关的事情占去的时候，他会非常失望。

也有打磨得时间较长的作品：《女农民和哲学家》画了三年，《玛丽娅和伊丽莎白》画了四年，《哲学家们》画了十多年。而圣经主题的组画，他没有全部完成，许多创作构想也未能实现。他还憧憬过画一幅史诗长卷：白俄罗斯国家的形成……

萨维茨基最初的生活条件很不理想。为增加收入，他频繁接受各大博物馆的绘画订制，还为书籍、杂志画插图。即使在做"命题作文"时，他也才华四溢：1964年，他为白俄罗斯作家米·马沙拉的作品所画插图在全苏图书评比中获奖。

当时，青年画家都努力争取在加盟共和国级的展览上展出自己的作品，而在莫斯科的全苏展览会或杂志上"露面"，更是所有人的梦想。

萨维茨基正是在莫斯科收获自己最初的成功。60年代初的作品《在市场上》《责任》《面包》《游击队员们》等都是在莫斯科出版的全国著名杂志《艺术》《创作》《星火》上发表的。而很多战友、难友也正是通过《星火》杂志找到萨维茨基的。

到60年代末，萨维茨基已经进入最负盛名的苏联新生代画家的行列中。

04
丰硕的创作果实

萨维茨基来自乡村,土地、农民、粮食是其创作最重要的主题。

他关于大地的作品,很多都是通过女性来表现。从1958年的《在道口》一直到2007年的《秋》,都有妇女形象。在俄语中,女性、大地、乡村、命运和白俄罗斯,词性相同,都是阴性。世界绘画史上,有很多由乔尔乔内、雷诺阿、安格尔、谢罗夫等人描绘的美丽女子形象。而在萨维茨基的笔下,女性常常目光冷峻,双手粗糙,关节突出,穿着破旧的衣衫和靴子。画家以饱经风霜、丧失自身特质的女性来象征这片多灾多难的土地。

萨维茨基认为,面包是人类劳动的结晶,是人的幸福和尊严的象征。面包的形象贯穿画家创作的始终:《面包》(1968)、《粮食》(1975)、《关于面包的奇迹》(1994)、《秋》(2007)。表现"土地—农民—面包"这"三位一体"的作品有《老人与面包》《穿红衬衣的农民》《拿着面包的妇人》,等等,而最集中的体现无疑是作于1999年的《播种者》。

画面中央是一个农夫，天上的圣父、圣子、圣灵保佑他的劳作。

《田野》（1974）描绘的是和平时期，5个年龄各异的男女神色冷峻地伫立在田野上，沉浸在深深的回忆和紧张的思考之中。作品一开始引起了不少争论。展览委员会的人问萨维茨基，这几个人在想什么？萨维茨基回答说，在想接下去怎么生活。批评者认为，从人物的姿态表情和画作的整体基调来看，画家并不相信光明的未来。作品因此被撤了下来。这件事被汇报到了白共中央，惊动了第一书记彼得·马谢罗夫。第二天，马谢罗夫来到萨维茨基简陋的画室参观这幅画。他看了很久，随后问道："他们究竟在想什么？"在听到"怎么继续生活"的回答后，马谢罗夫说："我这样理解这幅作品：关心明天的人，是真正的人……"

马谢罗夫一直很关心萨维茨基，为他解决了住房问题，多次在中央委员会大楼接见他。

对于萨维茨基的艺术创作来说，卫国战争期间游击队抵抗运动是最神圣的主题之一。他说："游击战主题吸引着我，给我提供机会，更宽广地展现我们英雄人民丰富的内心世界。"《奥尔沙的游击队员》（1966）、《米纳伊·什梅廖夫的传说》（1968）、《共青团员》（1970）、《屠杀游击队家庭》（1972）、《哀悼牺牲的英雄》（1974）、《纪念共产党员－地下抵抗战士》（1982）……其中，影响最大的是《田野》(1974):广袤的田野,不管敌人从哪里来,到处都有抵抗——对敌对势力的抵抗。作品的含义超出了画面具体表现的对象:这片田野是一个客观存在,是一个永恒的现象,是对邪恶的抵抗,也是光明与胜利必将到来的希望。

有一天,3名西德人来参观萨维茨基的画室。看到这幅画时,他们都很震惊。其中一人,叫汉斯-理查德·聂威尔曼,二战时,他19岁,曾在白俄罗斯作战,战后成了福音教会的牧师。他对萨维茨基说:"在战争中,你们成了胜利者,在艺术上也是……"1981年,这个德国人在柏林的大教堂为萨维茨基举办了个人画展。

表现战争的残酷与和平的珍贵作品在萨维茨基的创作中占据特殊地位。在回顾组画《烙在心上的数字》创作过程时,萨维茨基说:"我们中的每个人,都对未来负有责任。因此,我无权沉默。我是那些滔天罪行的见证者。必须揭露那些罪行及其实质。所以我着手创作揭露法西斯的组画,通过一些概括的、综合的形象来表现、揭示那些从文字描写、文件档案中看不到的东西……我必须画这些画。首先,是为了纪念千千万万在集中营中死去的人。其次,是为了告诉战后出生的年轻人,这样的事情永远不能忘记。绘画能以特别的力量讲述这一切,因为它通过心灵、情感、思想作用于人。"

当然,对萨维茨基来说,创作这一组画并不容易,痛苦的回忆在脑海萦绕，使他时时感觉又在重走地狱。1966年，在创作描绘游击战期间在森林里埋葬因饥饿、疾病而死去的孩子们的《游击队员·围困》时，萨维茨基就常常感到喉咙发紧，他需要不时地跑到街上，呼吸一下新鲜空气。尽管如此，他把创作组画《烙在心上的数字》视为自己义不容辞的责任——对那些被打死、饿死、病死、在焚尸炉里被烧死的人的责任。在1976—1979年和1987年期间，基于自己的亲身经历，采用现实主义与隐喻象征相结合的方式，他创作了《囚徒》、《SOS》、《越狱》、《辨认》、《自由》和《他们活了下来》等16幅作品，用画笔揭露了集中营的惨无人道，宣示了正义一定能够战胜邪恶的信念。

1978年，扬卡·库帕拉文学博物馆邀请萨维茨基根据这位白俄罗斯著名诗人的诗意创作组画。萨维茨基从小就喜欢库帕拉的诗歌。诗人作品中充满希望、信仰，为人民的幸福积极斗争的明朗高昂基调一直深深地吸引并感染着他。1959年，他就画过库帕拉的形象。在接到博物馆的邀约后，他决定要通过具体而准确的描绘，全面反映诗人的创作和时代的变迁。他精益求精。据艺术史家艾·普加乔娃回忆，每次去萨维茨基的画室，都会看到他在修改作品。有时，觉得作品已经完成了，但下次去时，会发现又有重大的改变。例如，根据诗人的抒情诗《她和我》创作的画作，从表达恋人们无忧的幸福（少年为自己心爱的姑娘试戴花环）变成反映艰辛的农民生活。场景也从被晶莹露珠打湿的白桦林更替为干燥闷热的松树林：刈草间歇，一个小伙子在虔诚地切着面包。用三年多的时间，萨维茨基完成了库帕拉诗意组画，通过《白俄罗斯人》《游击队员们》《社员》《刈草》《收成》《摇篮曲》等作品形象地表达出库帕拉诗歌崇高而又朴素的内涵。

1986年4月26日凌晨，位于乌克兰的切尔诺贝利核电站发生爆炸。连续爆炸引发了大火并散发出大量高能辐射物，这些辐射尘涵盖了包括白俄罗斯在内的大面积区域。这次灾难所释放出的辐射线剂量是二战时期爆炸于广岛的原子弹的400倍以上。萨维茨基痛心疾首，并认为事故是人类的傲慢与冷漠导致的，其灾难性的后果将超出人们的想象。良知与责任感使他第一个在艺术中对此做出反应。1986年起，他连续创作了《希望的十字架》（1987）、《大地哀歌》（1988）、《安魂曲》（1988）、《被遗弃的人们》（1989）、《撤退》（1989）、《怀恋》（1989）、《禁区》（1993）、《切尔诺贝利的寓言》（1998）。死神、被辐射玷污的大地、永远闭上了双眼的孕妇……触目惊心。最具悲剧感和寓意的是作于1989年的《切尔诺贝利圣母》，在这幅"哀悼基督"式的作品中，一位白俄罗斯妇女化身圣母，而耶稣基督是一个已经死去了的无辜孩子。他笔下呈现的，不仅是一个事故，更是一个启示。

如果没有切尔诺贝利组图，或许就不会有《幸福的经戒》。萨维茨基想表现对当代生存空间的反思。他要在作品中刻画"哲学和道德意义上的好人"。他把目光投向了《圣经》。他认为《圣经》中有人类永恒的各种感情：爱、同情、善良、英勇、自我牺牲、仇恨、贪权、背叛，等等。《圣经》反映的人类问题，至今具有现实意义。其中"追求自由和真理，尝试解开存在的秘密"更是与萨维茨基创作的主要思想相呼应。组画包括《基督被解下十字架》《背负十字架》《玛丽娅和伊丽莎白》《哭悼》《圣母》《关于面包的奇迹》《基督和他的十字架》等。

萨维茨基也是一位杰出的肖像画家。他的肖像作品，不只是描绘人物的外貌神采，更多是传递人物对世界和个人命运的关切、他们的怀疑和探索精神。他笔下的俄罗斯伟大作家费奥多尔·陀思妥耶夫斯基背负着人类的巨大痛苦，列夫·托尔斯泰、尼古拉·费多罗夫、弗·索洛维约夫这三位性格迥异、彼此关系奇特的哲学家象征着道德、对人类的爱、精神洗涤和理智信仰。

1995年，萨维茨基画了《自画像》。深色的背景，没有刻意经营的痕迹，73岁的画家穿着冬衣，手里抱着一条小狗。画家的目光宁静而专注，透露着丰富的思想与情感，同时，又有着些许忧愁。小狗既在主人胸口取暖，也给主人温暖。

萨维茨基曾多次表示，他始终有危机感，一直对自己的作品不满意，从来没有（哪怕是瞬间）体验过俄罗斯诗人勃洛克所说的"今天我是天才"的感觉。"但我知道，如果勤奋地工作，即使一开始不成功，到后来也会成功的……"

在接受记者采访时，萨维茨基的回答总是言简意赅：

——您最看重哪些品质？
——诚实、正直、尽职。
——厌恶哪些品质？
——背叛。
——您最喜欢做的事？
——在画室画画。
——对您而言，什么是幸福、幸福的生活、幸福的命运？
——独立。
——在您的生活中哪个时刻是最高兴的？
——想不起来有这样的时刻。
——那最痛苦的呢？
——在法西斯集中营。
——您最喜欢的画家、诗人、作家、音乐家、演员是谁？

——米开朗基罗、埃·格雷科、卡拉万焦、阿瓦库姆、普希金、果戈理、肖邦、米·乌里扬诺夫、弗·维索茨基。白俄罗斯人中的扬卡·库帕拉、瓦·贝科夫。

——您怎样看待生活的条件?

——它们是第二位的。

——哪些书您喜欢反复阅读?

——我的书房里有1.5万多本书,不包括杂志。我经常看圣经和美学、伦理学以及哲学方面的书籍。

——您相信命运的必然性吗?

——相信。

——您理解中的家庭幸福是怎样?

——和谐。

——您是否有金钱梦?

——没有。

——您最喜欢的季节?

——秋天。秋天我总是工作顺利。

——人生的哪个阶段给您留下最美好的回忆?

——大学期间。

——在您看来,白俄罗斯的国家思想应该体现在哪里?

——创造。

1991年，苏联解体，白俄罗斯独立，社会生活由此发生了根本性变化。"但是，作为一个专业画家，我依然故我。"萨维茨基说的"依然故我"，是"工作，创作，并且竭力说出真相，揭示真理"，"记住一切并且热爱祖国。但是，这个爱，不是说空话，而是通过精神的完善和善良的行为来体现。"

1995年，他被选为白俄罗斯国家科学院院士，荣获世界美术家协会纪念反法西斯战争胜利50周年国际画展大奖。1996年，被选为国际斯拉夫学院院士。在此后获得的一系列国内外奖励中，最重要的莫过于2006年的"白俄罗斯英雄"称号。

2010年11月8日，萨维茨基逝世，安葬于明斯克东方公墓。

2012年9月7日，萨维茨基美术馆在明斯克自由广场15号的一栋18世纪城市庄园建筑中揭幕。通过大量作品和生活用品的陈列，美术馆全面展现了萨维茨基不平凡的一生。白俄罗斯总统亚历山大·卢卡申科出席了揭幕仪式。在题词中，卢卡申科称萨维茨基是"祖国优秀的儿子"，其创作是享有世界性声誉的"艺术中的新成就。"

（作者贝文力，华东师范大学国际关系与地区发展研究院副教授、白俄罗斯研究中心主任）

诺贝尔文学奖得主

——斯维特兰娜·阿列克西耶维奇

"一带一路"列国人物传系 · 白俄罗斯名人传

斯维特兰娜·亚列山德罗芙娜·阿列克西耶维奇（Светлана Александровна Алексиевич，另译阿列科谢耶维奇），白俄罗斯作家、记者，出生于乌克兰西部伊万诺－弗兰克夫斯克（Ивано-Франковск）市。1965年中学毕业后，做过寄宿学校的辅导员，当过中学教师和记者。1967年考入白俄罗斯国立大学新闻系学习。曾长期在白俄罗斯多家新闻机构任新闻记者。2000年，迁居巴黎。2013年回明斯克居住。长期的记者生涯使她广泛接触社会各个阶层的生活，形成对社会和人生独立的观察和思考，为她的非虚构写作积累了丰富的素材。

她的作品大多是以非虚构体裁形式（接近传统的纪实文学）写成的，主要有：《战争的非女性面孔》《最后的见证人》《锌皮娃娃兵》《切尔诺贝利的祈祷》《二手时代》。她用非虚构文学创作方式记录了卫国战争、阿富汗战争、切尔诺贝利核电站爆炸、苏联解体等重大历史事件中普通人的命运，展现了普通人在重大历史灾难中的思想情感历程，给予苏联及后苏联时期社会灾难和个人苦难以极大关注，表达出强烈的人道主义和忧患意识。

作家多次获得苏联和其他国家的重要国际文学奖项，如1984年获得苏联作家协会奥斯特洛夫斯基文学奖，1996年获得瑞典笔会奖，1998年获得德国莱比锡图书奖，2006年获得美国国家书评人奖，2013年获得法国年度最佳图书奖，2014年获得法国艺术和文学骑士勋章。她于2015年获得诺贝尔文学奖，颁奖词是："她的复调式书写，是对我们时代苦难和勇气的纪念。"阿列克西耶维奇是白俄罗斯历史上第一位获得诺贝尔奖的作家。2015年10月8日，白俄罗斯总统卢卡申科祝贺阿列克西耶维奇获得诺贝尔文学奖，他说：他对她获得此荣誉感到由衷的高兴，并对其爱国主义的观点表示感激。他祝愿她长寿，并在新的创作中找到新的缪斯灵感。阿列克西耶维奇的作品被翻译成50多个国家的文字出版，她的作品被以不同形式改编成戏剧和电影，在俄罗斯、白俄罗斯以及其他国家演出和上映。

阿列克西耶维奇曾在1989年随苏联作家代表团来中国进行文化交流，并在获诺贝尔文学奖后的2016年来中国参加北京、上海等地的图书博览会等文化活动，与中国读者和进行非虚构创作的作家见面。她多次接受媒体采访，畅谈创作感受，探讨非虚构文学写作问题，在多个场合表达了对中国人民的欣赏，以及对中国经济社会发展的赞叹。

01
一个善于观察和记录生活的女孩

阿列克西耶维奇于1948年5月31日出生于乌克兰西部的伊万诺－弗兰科夫斯克市一个军人家庭，父亲是白俄罗斯人，母亲是乌克兰人。阿列克西耶维奇的父母亲家中，都有亲人在卫国战争中牺牲。她的外祖父在前线阵亡，她的祖母曾是游击队员，战争中死于伤寒；参军的3个父辈中，只有阿列克西耶维奇的父亲从前线活着回来，他曾是战地飞行员。战争与死亡成为日常生活的组成部分，也成为未来作家熟悉的话题。

阿列克西耶维奇的童年在乌克兰西部的文尼察州农村外祖母家度过。由于很多男人在前线阵亡，后方成为女人的世界。阿列克西耶维奇从小就生活在这个由战争遗孀组成的女人世界，听到了她们对悲苦命运的诉说：如何在战争中坚守对丈夫的爱与等待，如何经历失去丈夫的痛苦与绝望，如何承受生活的艰辛与重负。承受战争灾难的女人的命运成为未来作家关注的中心题目。

同时，从周围人对生活的叙述中，她感受到，她从人们口中听到的描述不同于她在书本上读到的记录。官方说法与实际生活的巨大差距，触动了她对此问题的思考，也激发了她探究真相的愿望。对周围人不幸命运的深度参与和同情，也让她渴望将这些名不见经传的普通人的内心声音记录下来。书写人们口述的真实成为作家创作的动力。作家在斯德哥尔摩瑞典学院演讲时，曾这样谈到自己的童年记忆："……成百上千个声音，它们伴随着我，从童年起就伴随着我。那时我生活在农村，我们这样的孩子们喜欢在街上玩耍，但是夜幕降临时，家门口供老太太休息的长椅，就像磁铁那样吸引着我们。她们都没有丈夫，没有父亲，没有兄弟。"

童年时代阿列克西耶维奇有过与死亡擦肩而过的经历。战后生活条件艰苦，幼年的她由于营养不良得了佝偻病，严重到医生都说她活不下来了。父亲抱着最后一线希望敲开了修道院的门，他们的苦情感动了修道院院长。他们每天从修道院得到半升羊奶，这样她才得以幸存下来。这段经历使年幼的阿列克西耶维奇对贫困、疾病和死亡有了深切体验，以致她后来的作品中不断出现这个主题。

父亲退役后，全家迁往白俄罗斯戈梅利州（Гомельскаяобласть），父亲做了乡村学校的校长，母亲做了小学教师。父母都是她的老师和朋友，也是将她引入文学殿堂的导师。然而小学期间，阿列克西耶维奇偏科严重，只喜欢文学和历史，其他成绩都不理想。教过她的老师都说，她喜欢读"深奥难懂"的书，但对数学毫无兴趣。

上中学时，她大量阅读俄罗斯经典文学作品，普希金、托尔斯泰、陀思妥耶夫斯基等文学大师对生活的悉心洞察和对人性的深刻揭示，对她产生强烈的震撼，经典文学作品中没有写出的当下生活也让她冥思苦想。她很早就形成了独立思考的习惯，偏爱文字表达。从小就开始写作诗歌，陆续发表了一些报刊述评。此时她已经明确了未来要成为作家的志向。

根据当时苏联的规定，中学毕业后，要工作两年才能考大学。阿列克西耶维奇的工作履历是丰富的。1965年中学毕业后，先做过寄宿学校的辅导员，后来又当过中学教师，教授历史和德语。此后又在戈梅利州的纳罗夫利亚市的区报社当过记者。1967年阿列克西耶维奇考入白俄罗斯国立大学新闻系学习。她在接受采访时说，之所以选择新闻系，是因为她认为自己的成长经历囿于书籍，远离真实生活，只有通过记者生活，接触活生生的生活素材，才能真正认识生活，了解普通人的感受。

大学期间，阿列克西耶维奇表现出很强的写作能力。由于观察问题的视角独特，分析深刻入微，文笔生动犀利，她曾多次在白俄罗斯及苏联大学生作品比赛中获奖。1972年大学毕业后，阿列克西耶维奇被派往布列斯特州的区报社《普里皮亚季真理报》工作，后转到另一家报社《共产主义灯塔》工作。记者的采访工作使她广泛接触社会各个阶层的人，深入了解现实生活，培养了她冷静观察和分析社会问题的能力，形成了对世界的整体性思考。1973—1976年间，她没有选择在自己驾轻就熟的《青年报》工作，而是为了深入了解农村生活，来到州立报社《农村报》工作。这里的生活观察和积累成为她后来写处女作《我离开了农村》的契机。由于对社会问题的准确深刻洞察和鞭辟入里的表达，她写的评论屡屡受到各级部门的表扬，她在报社的组织工作也得到充分肯定。

1976年，阿列克西耶维奇被推荐到白俄罗斯首都明斯克，进入文学杂志社《涅曼》（Нёман，白俄罗斯作家协会机关刊物）工作。在新的工作岗位，她的才华使她脱颖而出，很快就担任政论栏目的主编。这也使她有更多机会与包括社会高层在内的各种人物接触，获得社会政治生活的第一手材料，深入了解苏联的社会体制和政治生活。她在这里一直工作到1984年。她担任国家核心报纸政论主编工作近20年，不仅积累了丰富的工作经验，也形成了对苏联社会政治生活的独立观察和思考。

她通过采访普通人，接触到现实生活中真实而残酷的一面。面对冷峻的现实,她有着直面严酷真实的巨大勇气。阿列克西耶维奇虽然在新闻报道、特写、专栏评论的写作中得心应手,但也越来越感觉到这种写作方式受到很多局限。首先,在内容方面,新闻报道需要传达苏联官方的意识形态政策,而她追求的是立足普通人的写作立场,传达出底层民众的观点和感受。其次,如何找到最合适的写作方式,使她的书写能够传神地表达出她听到的各种声音,成为她写作关注的焦点。

她不断探索自己的写作风格,尝试以新的纪实文学体裁表达自己的艺术感受。直到她读到阿达莫维奇的《我来自烈火燃烧的村庄》(Я--изогненнойдеревни)时,受到启发,才明确了要以"口述史"这种体裁进行纪事文学的创作。完成了纪实文学作品《战争的非女性面孔》(Увойнынеженскоелицо)和《锌皮娃娃兵》(Цинковыемальчики)后,阿列克西耶维奇的创作成就得到苏联文学评论界的高度肯定。1983年她被吸纳为苏联作家协会会员。为了不受限制地写出自己对生活的独特观察和感受,1984年起,作家离开报社,开始个人的写作生活。

02
走上自由创作的文学之路

阿列克西耶维奇的创作继承了 20 世纪苏联文学的优秀传统，特别是苏联军事文学传统。白俄罗斯作家阿达莫维奇和贝科夫的创作直接对她的创作产生巨大影响。

自赫鲁晓夫时期开始的苏联解冻文学后，战争文学中的人道主义主题表现出新的特征。以往的文学大都以宏观视角弘扬爱国主义、英雄主义精神，而对战争给个体的人带来的苦难关注不够；而此时的文学开始描写战争给国家、给普通人带来的痛苦和灾难。如何重建被战争破坏的生活，疗治普通人经历的心灵创伤，成为战争文学的新追求。

卫国战争中，白俄罗斯由于地处苏联最西端，成为战争最前沿，是受到战争伤害最严重的地区。先后有 9200 个白俄罗斯村庄被烧，其中 4885 个村庄被德国纳粹彻底烧毁。白俄罗斯男人有四分之一牺牲在战场上。苏联白俄罗斯军事文学记录了战争中人民遭受的痛苦，涌现出一批又一批优秀作家，不断以新的文学体裁推动着战争题材文学的发展。其中，对阿列克西耶维奇影响最大的是作家贝科夫和阿达莫维奇,他们教会了她书写悲壮和苦难,也教会了她如何面对残酷的生活。贝科夫在《活到黎明》(Дожить до рассвета)、《方尖碑》(Обелиск)等作品中以简洁有力的笔墨,抒写了普通士兵面对死亡时悲壮的生命体验,歌颂了他们默默无闻地作出的牺牲,从而将战争文学推向新的高度。

继贝科夫等战壕真实派的军事文学创作之后,阿达莫维奇在《围困纪事》(Блокаднаякнига)、《我来自烈火熊熊的村庄》(Я--изогненнойдеревни)中,记录了人民遭受的战争苦难,并创立了"超文学"(сверхлитература)的文学体裁。"超文学"成为白俄罗斯纪事文学的创作传统——即复调,让普通人讲述自己亲历的战争灾难,发出自己的声音,以不同声音构成悲剧大合唱。"超文学"要求作家不仅记录人们的语言,而且也传达出人们说话的声调、表情和语气。

阿列克西耶维奇在这种体裁中找到了语言与现实的连接点。她尝试不同的文体(小说、政论文、访谈录等),在寻找一种体裁与所见的世界相契合,能够传达出她听见和看到的生活,传达出人的内心声音。阿列克西耶维奇继承并发扬了"超文学"传统,认为这是传达人们心声、抵达现实真相的最佳方式。她视阿达莫维奇为自己文学创作之路上的引路人,将这种"超文学"方法用于创作实践,让普通人说出自己所经历的重大历史事件——卫国战争、阿富汗战争、切尔诺贝利灾难以及苏联解体。

阿列克西耶维奇在一次采访中说:"这种体裁——由多人的声音、忏悔、人们心灵的证据和见证组成的体裁瞬间就抓住了我。是的,我正是通过声音,通过日常生活和存在的细节,来看待和倾听世界的。"她称自己的写作是"见证文学"(роман-свидетельство),或"独声汇合成的清唱剧"(роман-оратория)。她在街头巷尾倾听人们的声音并记录下来。"在这些活生生的生活中,人们谈论自己所处时代的重大事件,这些声音汇合起来,就成为国家的历史,人们共同的历史。古老而全新的历史,由每个渺小的人的命运汇合而成。"

为了将每个人的声音汇合成历史的回声,作家坚持不懈地工作,数年如一日,以新闻记者和为良心写作之作家的身份,以同情者的姿态走近一个个灾难亲历者,进行采访和整理,书写了普通人经历的重大历史事件的心灵历史。

阿列克西耶维奇每写一部作品都要花上几年的时间。她拎着录音机采访成百上千的亲历者,再把这些如"血浆"一样珍贵的原始材料汇总归类,经过筛选,以自己的主题框架重新构思。她在其中倾听被历史忽视的声音,书写普通人心灵的历史。她希望自己的书是编年史,是几代人的百科全书。这样,呈现在文本中的都是最具有情感冲击力和思想洞察力的声音，是人们内心深处最真实的呼唤。所以，她的每一部作品都饱含情感又充满思想的张力，让人们在受到震撼时也进行反思。

阿列克西耶维奇在作品中谴责战争的罪恶，披露切尔诺贝利核灾难的真相，同情遭受战争伤害的普通民众。她对自己的和平主义反战思想直言不讳，站在受害者立场大声疾呼，追求民主。

从2000年起，阿列克西耶维奇侨居意大利、法国、瑞典、德国等国家。在欧洲她不断与媒体接触，进行公众演讲，与读者和评论界交流，这使她的公众影响力不断加强。对欧洲生活的观察使她有了更宽广的视野，加大了对社会问题的反思力度。虽然作家被称为"世界公民"，但她始终认为，作家真正的创作源泉在于与自己人民的血肉相连。侨居国外期间，她也经常回到白俄罗斯参加各种文学活动，并最终于2013年回到白俄罗斯定居，在首都明斯克郊外生活。

阿列克西耶维奇很少提到她的个人生活，公众了解的是她没有结婚，但长期抚养很早就过世的姐姐的女儿。她全部时间和精力都投入到采访和写作中。

阿列克西耶维奇创作成就卓著，曾受到苏联、解体后的俄罗斯及国际文学界的高度评价，获得过苏联、俄罗斯文学奖项：1984年获苏联作家协会奥斯特洛夫斯基文学奖，

1985年获苏联费定文学奖，1986年因《战争的非女性面孔》获得列宁共青团奖，1997年获俄罗斯凯旋奖，1998年获得俄罗斯"公开性基金会"颁布的年度最真诚的人奖。从这些奖项获得的时间看，大部分作品正值戈尔巴乔夫提倡所谓公开性和民主化时期，作家的创作思想吻合了当时社会的需要，因而得到肯定。

由此的作品很快被译成其他欧洲国家文字，在欧美国家得到广泛传播。截至2015年，她获得了12个国际奖项，分别是：1996年获得瑞典笔会奖，1998年获得德国莱比锡图书奖，1999年获得法国国家电台世界见证人奖，同年获得德国赫尔德文学奖，2001年获得德国雷马克和平奖，2006年获得美国国家书评人奖，2011年获得波兰卡钦茨基奖，同年在波兰获得中东欧安格鲁斯文学奖，2013年获得德国出版商与书商协会和平奖、法国2013年度最佳图书奖以及法国梅迪西斯文学奖，2014年获得法国艺术和文学骑士勋章。这些奖都是颁发给在新闻界和纪事文学界有突出成就的作家的，充分肯定了作家对历史和现实的深入挖掘，为她最终获得诺贝尔文学奖打下了基础。2015年，阿列克西耶维奇最终以"对我们时代苦难和勇气的复调式书写"而获得诺贝尔文学奖，其创作得到世界普遍的肯定。

03
开辟非虚构文学的广阔空间

40多年来，阿列克西耶维奇写下许多脍炙人口、题材广泛、内容丰富的作品。她未发表的处女作，是农村题材的《我离开了农村》（Яуехализдеревни）。阿列克西耶维奇的创作始终关注苏联生活的重大事件。20世纪70年代苏联城乡差距巨大，农村生活艰难，人们纷纷离开农村，到城市谋生。然而，苏联的户籍制度却对农民进城有严格的限制，导致了很多社会问题。长期在报社工作的经历使作家接触到大量相关材料。她以新闻记者的身份采访了众多离乡农民，在大量采访的基础上，于1976年完成了第一本大型纪实作品《我离开了农村》。这是作家最早使用"口述史"这种形式进行的创作。这部作品因批评苏联的户籍制度，触及当时敏感的社会问题而未能出版。然而，这部作品得到阿达莫维奇的高度肯定，成为作家后来写作五部"乌托邦之声"的前奏。

描写战争最典型的文学作品是《战争的非女性面孔》。

阿列克西耶维奇的创作始终采取底层叙事的方式，让弱势群体发出自己的声音。1978年，阿达莫维奇在明斯克召开的全苏战争文学大会上谈到，当代战争题材的纪实文学还没有描写那些到前线参战的女性，欠了她们的债："也许，有人会放下自己艺术品位很高的文学作品，拎着录音机不倦地去采访她们。"这成为阿列克西耶维奇写作《战争的非女性面孔》的直接推动力。这本书最初的采访和写作就是开始于1978年。接下来的4年中，她走访了200多个城镇与农村，采访了500多位参加过卫国战争的女性，她们是女狙击手、女坦克兵、女飞行员，还有洗衣工、护士等。作家记录下她们的谈话，以女性的视角和叙事呈现她们在战争中经历的痛苦，她们为国家付出的巨大牺牲。战争中的苏联妇女和男人一样，冒着枪林弹雨冲锋陷阵，有时候要背负比自己体重重一倍的伤员。但她们对战争的观察和感受不同于男人。她们对流血和死亡有更惨烈的感受、更沉重的记忆。战争结束后，很多妇女变得严峻和冷酷，以致很难走进和平时期的日常生活，她们需要经历痛苦的挣扎，才能回归女性的生活角色。

1983年，阿列克西耶维奇历时七年完成了这部作品但在编辑部被压了两年才发表。作家被指责为污蔑了苏联参加战争的女性英雄形象，过度渲染和平主义和自然主义。1984年，这部作品在苏联著名文学期刊《十月》上得以发表，受到读者和评论界关注，并被评为该年度杂志的一等奖，其总销量达到200万册。后来，她将这部作品改编为戏剧和纪实影片。

这些都给阿列克西耶维奇带来了巨大的声誉，她因此获得全苏作家协会奥斯特洛夫斯基文学奖、苏联列宁共青团奖和第一枚苏联荣誉勋章。

1985年，阿列克西耶维奇发表了另一部战争题材的作品《最后的见证人——一百个非孩子的故事》[Последниесвидетели（Стонедетскихрассказов）]。卫国战争期间，苏联有上百万儿童死于战火，他们当中有俄罗斯、白俄罗斯、乌克兰儿童，其中包括犹太、鞑靼等民族儿童。为了纪念这些无辜死难的儿童，让人们更加深刻地认识到战争的残酷，作家选择以孩童的回忆唤起人们对战争的反思。这部作品由作家对苏联卫国战争期间100个幸存儿童的口述记录构成。这些人在战争爆发时从4岁到12岁不等，都亲眼见证了战争的残酷，从孩童的视角再现战争的残酷，让每个人以独白的方式讲出自己记忆中的故事。孩子不理解发生的战争，他们只知道战争让他们失去家园、失去父母。这种陌生化的叙事给人造成强烈的心灵震撼，形成对战争强烈的谴责。作家以"最后的见证人"为题，唤起读者反思：有什么比孩子的童年更珍贵？对任何一个民族，对任何一个父亲和母亲而言，还有什么比孩童更宝贵？作家以陀思妥耶夫斯基作品《卡拉马佐夫兄弟》中提出的最令人痛苦的问题表达了强烈反战思想：是否可以以孩子的无辜受难换取人类幸福以及和平的生活？

　　这部作品的命运也几经坎坷，最初被审查机关指责为自然主义描写过重而禁止发表。后一经发表，就带来巨大影响。

　　阿列克西耶维奇另一部反思罪恶战争的作品是《锌皮娃娃兵》。20世纪70年代，苏联推行勃列日涅夫的全球战略，加紧与美国争夺世界霸权。为实现控制中亚枢纽地区的战略意图，苏联从1973年起对阿富汗进行政治、经济、文化和军事渗透。阿富汗内部政治势力分裂为亲苏派和亲美派，并发生内战。1979年，应阿富汗亲苏派的请求，苏联派遣8万多人的现代化军队，大举侵入阿富汗，发动了长达10年的阿富汗战争。这是苏联外交史上最大的失败，也是一场罪恶的侵略战争。10年间，苏军死亡了上万人，大都是20岁左右的男青年。这些青年人受到苏联"保家卫国"的政治宣传的欺骗，怀着爱国热情来到阿富汗参加战争，阵亡后被装进锌制的棺材运回国。很多参战者到了阿富汗才认识到这场战争的本质，而在苏联国内的亲属们却始终被蒙在鼓里，因为苏联政府隐瞒了战争的真相，并禁止人们谈论这场战争。

　　为了了解这场战争的真相，听到这些士兵的心声，阿列克西耶维奇花了4年时间，几次赶赴阿富汗战场，采访了500余位亲历阿富汗战争的苏联军官、士兵，以及他们的妻子、情人、父母、孩子，将这些年轻士兵在战争中经历的茫然、恐惧呈现出来，揭露了罪恶战争给人造成的心理扭曲。1989年作品《锌皮娃娃兵》发表，其轰动效果犹如一颗定时炸弹，使当时苏联当局宣传的战争英雄神话破碎，让人们受到强烈震撼。这部作品揭开了苏联政治生活的伤疤，既令苏联政府在阿富汗战争正义性问题上感到尴尬，也触到了很多苏联人的痛处，特别是参战军人及其家属们最难以面对的事实：被宣传为战争英雄的亲人竟是罪恶的侵略者。难以接受事实真相的人们几次将阿列克西耶维奇告上法庭。1992年，明斯克组织了政治法庭审判阿列克西耶维奇和她的纪实作品《锌皮娃娃兵》。但审判最终停止在各方面压力下。

1997年，阿列克西耶维奇出版《切尔诺贝利的祈祷》（Чернобыльская молитва），作品展现了苏联时期切尔诺贝利核爆炸带来的毁灭性灾难以及对人类生存的思考。这是一部核灾难亲历者群体的心理肖像画。

1986年4月26日，切尔诺贝利核电站爆炸。事故发生时，阿列克西耶维奇和父母正生活在受污染的莫兹尔区，亲眼目睹了自己身边的人在核爆炸后罹患疾病的痛苦过程，她的母亲在这场核灾难中双目失明。人们被迫撤离自己的家乡，村庄变得满目疮痍，死亡随处可见，食物不能吃，水不能喝……当时人们并不理解核爆炸的严重性，更不知道这场灾难对未来生活的影响。苏联官方在事故发生后并未公布事实真相，后来的材料里也找不到对这场核事故的真实记录。作为核灾难的亲历者，阿列克西耶维奇经历了核爆炸给人身体带来的伤害，以及官方报道和救援不及时给普通人带来的身心伤害。为了了解事故发生的真实原因，以及核灾难给人们带来的伤害程度，作家深入核污染禁区，历时10年，采访了500多名灾难的幸存者，记录下他们的经历。在人们的口述中，历史真实地呈现出来。作者不仅探究事件的真相，更关注灾难中人的内心经历。这场灾难不仅夺去了无数消防战士、医护人员和无辜百姓的生命，而且对幸存者的身体和心灵也造成了严重伤害。作品将威胁人类生存的最严峻问题摆在读者面前：欲望膨胀和科技进步带来的环境污染将比任何战争都更可怕地吞噬着人的正常生活。作品充满对人类未来的忧虑，富有预见性地提出了21世纪人们普遍关注的生态危机问题。

还有关于苏联人生活中最大的历史灾难的思考：《被死亡诱惑的人们》（Зачарованные смертью）。

1991年苏联解体成为重大的历史事件，国家政治动荡，经济改革失败，给普通人的生活带来巨大冲击。很多人难以适应这种体制变换带来的剧烈震荡，无力应对剧变带来的极度贫困和信念丧失，在绝望中纷纷走向死亡。作家再次聚焦承受这一灾难性历史事件的普通人，于1994年发表《被死亡诱惑的人们》。作品记录的是苏联解体后5年内自杀的人，有将军、诗人、官员、工人等各阶层的人。苏联解体后"红色的人"面临社会主义信仰的坍塌，无法融入新的价值体系，这些孤独无助的"红色的人"最终选择了和社会主义母体一同消逝的命运。作家想通过这部作品探究他们死亡背后的原因。后来，这部作品被改编成电影《十字架》（Крест），由阿列克西耶维奇担任编剧。评论界对这部作品争议很大。

《二手时代》（Время секонд хэнд）则是对苏联解体的沉重反思。

苏联解体后的两年多，人们经历了由社会主义国家向市场化国家的社会转型，在经历了经济崩溃、社会动荡之后，人们在无助和痛苦中经历价值观念的重构。作家经过长年的观察和采访，记录了不同年龄、不同阶层的人对社会价值转型的不同反应。有的人无力进入新生活，将回忆中的"十月革命""列宁""节日游行"当做生活的意义；有的人很快适应了市场经济，在商品至上的生活中游刃有余，抛弃了很多过去珍视的价值；有的人则至今搞不懂到底发生了什么。人们各自讲着自己的体验，在各自不同复杂的历史语境中众声喧哗，从而又形成了和声。所有的人身上都有不可磨灭的"苏联人"的特征。人们或迷失在各种"思想"和"主义"的框架中，失去了自由选择和判断的能力；或者执迷于市场经济的幻影，将之视为自由和拯救的途径。人们的自述说出了历史剧变中他们经历的生活不幸和精神痛苦。这部作品的发表同样引起激烈的争论，褒贬不一，但大都认为这部作品记录并写出了后苏联时代人们的声音。

目前阿列克西耶维奇正在写作的纪实文学作品《永恒狩猎的神奇之鹿》(Чудныйоленьвечнойохоты)，副标题是"爱之书"。这是一部关于男女爱情经历的口述实录。作家采访上百人，倾听不同年龄的人群讲述他们的爱情故事。虽然人们经历的情境不同，但都体验到了爱的神奇力量。此前的创作中作家叙述战争、灾难带给人的苦难和生存困境，揭示战争对人性的扭曲。她认为这些并不是生活的全部，爱才是人类永恒的主题，才是具有生命价值的人生经验。不同于此前作品中心酸的眼泪和苦涩的反思，这部关于爱的作品充满诗意的抒情，汇集了人在爱中体验到的内心喜悦和陶醉，以及对生命的感恩。正如作家所言：爱是上帝的礼物，为人打开全新的生存空间，让人进入生命的奥秘。

这样，从最初的带有政治檄文色彩的一部部历史灾难的口述史，到现在一部描写爱的主题的纪实文学，作家极大地扩大了非虚构文学的创作主题，捍卫个人的尊严，以爱提升人生命的价值。

阿列克西耶维奇的创作被认为有很强的时代感，满足了公众渴望了解真相、关注当下的需求。同时，她的作品表达了社会和人内心的冲突，思想和情感张力极大，蕴含丰富的舞台表演元素，吸引了电影界和戏剧界的导演们。他们纷纷将她的作品搬上舞台和银幕。阿列克西耶维奇也积极与戏剧导演合作编写剧本、编排戏剧，并协助电影导演将作品改编成电影。

1985年后，随着《战争的非女性面孔》《锌皮娃娃兵》造成的社会轰动，苏联很多剧院将这些作品改编成话剧和电影。其中，最有代表性的是：鄂木斯克国立研究剧院特罗斯加涅茨基(Геннадий Тростянецкий)导演的戏剧《战争的非女性面孔》获得苏联斯坦尼斯拉夫斯基国家戏剧奖，以及莫斯科塔甘卡剧院由埃弗罗斯（Анатолий Эфрос）、奥库扎瓦（Булат Окуджава）等导演的电视戏剧作品《战争的非女性面孔》受到公众普遍好评，影响广泛。《被死亡诱惑的人们》《切尔诺贝利的祈祷》等作品也纷纷被国内外剧作家搬上舞台和银幕。迄今，国际上根据阿列克西耶维奇作品改编的戏剧影视作品多达数十部，相继在俄罗斯、白俄罗斯、法国、德国、保加利亚等国家与公众见面。此外，还有作曲家根据《最后的见证人》谱写了安魂曲交响乐。

04

阿列克西耶维奇与中国

　　阿列克西耶维奇和她的作品与中国有着不解之缘。可以说,她的作品在中国的出版紧随在苏联和俄罗斯的出版之后,几乎同步。早在1985年她的第一部成名作品《战争中没有女性》(吕宁思译,后来书名译为《我是女兵,也是女人》,即上文中的《战争的非女性面孔》)在中国《苏联文学》第一期上刊登,同年9月由昆仑出版社出版。而这部作品在苏联,1984年刚刚在《十月》杂志刊登,1985年出版单行本。她的另一部作品《最后的见证人》(李寒翻译为《我还是想你,妈妈》)也随即被翻译成中文出版。1989年《锌皮娃娃兵》刚在苏联出版不久,时任《世界文学》编辑部主编的高莽就将其翻译成中文,并对她的创作充分肯定,称她的作品有很深刻的人道主义精神和很高的道德情怀。此后,她在中国读者中的知名度日渐增高。2013年她的作品《二手时代》刚出版,就在随后的两年被翻译成中文。到她2015年获得诺贝尔文学奖前后,她的五部"乌托邦之声"都在中国得到出版,为她在中国赢得声誉。

1989年她首次随苏联作家代表团访问中国，与中国社科院外国文学研究所的俄苏文学研究者座谈，介绍了自己从事采访及创作的经历。高莽先生形容她："谦逊，稳重，没有华丽的辞藻，也不用豪言壮语，但每句话出口时似乎都在她的心中经过掂量。"（《阿列克谢耶维奇和她的纪实文学》，载《北方文学》，2015年，第11期）

27年后，2016年8月18日至28日阿列克西耶维奇再次来到中国，出席上海和北京等地的国际图书博览会等文化活动，受到《光明日报》、《北京日报》、《北京青年报》，以及新华网、人民网、凤凰网、腾讯文化、澎湃新闻等各大报纸和网络媒体的采访。她与中国著名作家、学者畅谈创作经历，所到之处受到读者的追捧和热议。在与中国作家学者的交流中，她谈到非虚构创作的问题，谈到其创作受到陀思妥耶夫斯基的影响问题，还谈了自己未来的创作构思，表示特别愿意和中国读者谈爱的问题。同时，她还对中国的发展赞叹不已，在诸多场合表达了对中国的钦佩，认为中国的路走得好。她的中国行程对促进中国和白俄罗斯文化交流具有建设性意义。

阿列克西耶维奇始终关注的是处于战争、灾难中的人，是苏联历史上重大灾难性事件对人类生存及未来的影响，这不仅是作家人道主义思想的体现，也是对俄国知识分子强烈的民族忧患意识和使命感的继承。阿列克西耶维奇的创作书写灾难亲历者对事件的内心感受，书写他们身体和心理的创伤，反映出作家对苦难者的悲悯与同情。她的作品的深刻之处还在于，看到了战争、灾难中人性的扭曲和异化。作者将残酷的真相展现在世人面前，给人以震惊和警示，引发人们对时代命运的反思。

（作者张变革，北京第二外国语学院俄语系教授）

白俄罗斯芭蕾舞的象征
——瓦连京·叶利扎利耶夫

叶利扎利耶夫 芭蕾舞导演

瓦连京·尼古拉耶维奇·叶利扎利耶夫（ВалентинНиколаевичЕлизарьев），苏联三大芭蕾舞编导之一，白俄罗斯历史上最杰出的芭蕾舞编导。出生于阿塞拜疆巴库的一个普通家庭。毕业于俄罗斯最古老的音乐学府——列宁格勒里姆斯基–科萨科夫音乐学院，26岁起担任白俄罗斯国家歌剧芭蕾舞剧院首席芭蕾舞编导，是苏联历史上最年轻的芭蕾舞编导。1976年获白俄罗斯苏维埃社会主义共和国"功勋艺术家"称号，1985年获苏联"人民演员"称号。1996年，凭借改编自安德烈·姆季瓦尼音乐作品的芭蕾舞剧《激情》获国际芭蕾舞艺术节（素有"芭蕾舞界的奥斯卡奖"之称）编舞大奖和"年度最佳芭蕾舞编导"称号，被授予白俄罗斯共和国国家奖章。1997年，白俄罗斯总统卢卡申科在叶利扎利耶夫50岁生日庆祝会上发表了热情洋溢的祝词，并向他颁发国家最高勋章——"弗朗奇斯科·斯科林纳勋章"。2016年获联合国教科文组织"五大洲"奖章。叶利扎利耶夫创建了白俄罗斯现代芭蕾体系，开创了芭蕾舞剧新流派，以富含隐喻性，造型多样，音乐、舞蹈与舞台的精巧设计而闻名。他指导白俄罗斯国家歌剧芭蕾舞剧院芭蕾舞团长达36年，编导了《卡门组曲》《创世纪》《蒂尔·艾伦施皮格尔的恶作剧》《斯巴达克》《胡桃夹子》《布兰诗歌》《波莱罗舞曲》《春之祭》《罗密欧与朱丽叶》等20多部经典芭蕾舞作品，这些剧目成为白俄罗斯国家歌剧芭蕾舞剧院保留剧目。叶利扎利耶夫缔造了白俄罗斯芭蕾舞的传奇,使白俄罗斯芭蕾艺术走向世界。如今,叶利扎利耶夫的名字已成为白俄罗斯芭蕾艺术的象征。

01

从小学习芭蕾

1947年10月30日,瓦连京·叶利扎利耶夫出生于巴库(阿塞拜疆首都)一个普通家庭。

母亲出生于乌克兰,曾在阿塞拜疆科学院担任主任会计师。她经历了20世纪30年代乌克兰大饥荒,最艰难时以树叶和树皮果腹。熬过饥荒后,她和两个哥哥来到索契。她在女子中学念书时,德国山地部队"雪绒花"已逼近索契。当时姑娘们也被动员起来,戴上英国头盔,穿上苏联红军大衣和美国军靴,在北高加索寒冷的冬夜里负责看护重达16公斤小口径步枪。有时德国部队的子弹就从她们头顶掠过,甚至能听到德国人的说话声和歌声。

父亲是一名炮长,卫国战争期间在乌克兰西部服役。开战第5天,他被一颗流弹击中,被医疗火车送到大后方。他从乌拉尔辗转到高加索，再到第比利斯，在土耳其国境线附近与瓦连京的母亲相识。他们育有三个孩子。父母的荣誉奖章如今是叶利扎利耶夫一家的至宝。但父母很少谈起这段往事，与战友重聚时只谈论生活和未来。只有一件事使他们永远无法忘怀，那就是胜利来临的一刻，这一刻意味着希望和巨大的幸福。

叶利扎利耶夫的童年在巴库度过。在他的记忆中，巴库是个多民族聚集的城市，阳光和空气中弥漫着绿草香和海水的盐渍味。巴库城中遍布不同时期的建筑，有仿古典式，也有20世纪初的现代派。

少年时期的叶利扎利耶夫精力旺盛、调皮好动，父母不得不时常把他赶回家写作业。他从小就参加各种兴趣小组，在最受同龄人欢迎的"军官之家"舞蹈小组学习儿童芭蕾，喜欢文学，爱听古典音乐，常常跑去剧院看戏。

出于对舞蹈的热爱，他进入巴库舞蹈学校学习。父母虽然不从事文化艺术工作，但全力支持他。14岁时他考入列宁格勒瓦加诺娃舞蹈学校（现为俄罗斯瓦加诺娃芭蕾舞学院），学了9年。瓦加诺娃舞蹈学校建校200多年以来，向基洛夫舞团、莫斯科大剧院舞团等输送了一批批毕业生，其中不乏加·乌兰诺娃、安·巴甫洛娃、鲁·纽里耶夫等世界级芭蕾舞大师。列宁格勒的历史沉淀和艺术内涵令叶利扎利耶夫十分着迷。

在他眼中，艺术是严苛的，不会迁就你：如果你有能力，欢迎你加入；如果你没有才能，请离开这里。年轻的叶利扎利耶夫下定决心，一定要在这里施展自己的抱负。

1967年从列宁格勒瓦加诺娃舞蹈学校毕业后，叶利扎利耶夫进入列宁格勒里姆斯基－科萨科夫音乐学院（现圣彼得堡国立里姆斯基－科萨科夫音乐学院）芭蕾舞编导专业学习，师从俄罗斯著名芭蕾舞演员、芭蕾舞编导伊戈尔·德米特里耶维奇·别利斯基。列宁格勒音乐学院建于1862年，是俄罗斯最古老的音乐学府，由俄罗斯著名钢琴家、作曲家安东·鲁宾斯坦创建，柴可夫斯基也毕业于该校。

1967—1968年，叶利扎利耶夫担任列宁格勒第一个五年计划文化宫舞蹈小组的艺术指导。1968—1970年，担任列宁格勒国立大学舞蹈团艺术指导。在这期间，叶利扎利耶夫完成了不少小型舞剧作品，并在莫斯科举办的全苏舞蹈大赛中获奖。他的毕业作品是由安德烈·彼得罗夫音乐作品改编的独幕舞剧《不朽》（1973）和根据谢尔盖·普罗科菲耶夫音乐作品改编的《古典交响乐》（1974）。这两部作品后来由莫斯科古典芭蕾舞团在克里姆林宫大会堂上演。

从音乐学院毕业后，应索菲亚民族歌剧院（现保加利亚国家芭蕾舞歌剧院）邀请，叶利扎利耶夫计划与妻子玛格丽特·叶利扎利耶娃前往保加利亚。此时恰逢白俄罗斯文化部招募芭蕾舞导演，权衡再三，叶利扎利耶夫决定前往白俄罗斯明斯克。

02
白俄罗斯最年轻的芭蕾舞导演

白俄罗斯国家歌剧芭蕾舞剧院给初来明斯克的叶利扎利耶夫留下了深刻印象，他告诉自己："将来某一天在这座剧院里一定会上演我的作品！"

1973年10月10日，26岁的叶利扎利耶夫成为白俄罗斯国家歌剧芭蕾舞剧院首席芭蕾舞导演，同时也成为苏联历史上最年轻的芭蕾舞导演。

他的首部作品是《卡门组曲》。他在原版基础上做了大幅度改编。在他看来，《卡门》不仅是法国作家梅里美的"卡门"，而且是亚历山大·勃洛克笔下的"卡门"。因此，1974年白俄罗斯大剧院排演的这个新版《卡门组曲》，在乔治·比才原曲形象的基础上，表现了一个不同以往的故事——错失所爱的女主人公的悲剧。叶利扎利耶夫在改编过程中做了一个大胆的决定：舍弃次要角色、不重要的情节和细节，改变卡门作为"茨冈人"的固有形象，将更多精力集中到主人公的内心情感世界。他的舞台语言对人性的描摹既形象又富有表现力，避免了对情节波折和生活细节的过多描写。

叶利扎利耶夫后来的一系列作品都沿袭了这一特点，即删减次要角色，突出故事主线。新版"卡门"颠覆了传统印象中那个一头火红色头发、光鲜亮丽的形象，取而代之的是一个身着灰衣、眼里尽是悲哀的"卡门"。叶利扎利耶夫强调的不是对生活细节的捕捉，而是对生命与本质的思考，他撕下了"卡门"的皮囊，直白地露出了其内里的满目疮痍，使全剧在一定程度上完成了诗学与哲学、思想与情感的内外和谐统一。

叶利扎利耶夫的第二部作品——改编自安德烈·彼得罗夫作品的《创世纪》于1976年上演。故事在轻松的幽默感和丰富的想象力中展开：宁静的伊甸园生活，上帝创造亚当，上帝与撒旦的对抗……演员尤里·特罗扬和维克多·萨尔基西扬凭借高超的芭蕾舞技艺，分别塑造了令人印象深刻的亚当和魔鬼形象。在创作"亚当"的舞步时，叶利扎利耶夫从儿子踟躅而行的姿态受到启发。

他称自己是按照米开朗琪罗的原则进行创作，即去掉不必要的东西，不是简单地重复情节，而是展现它的实质。他删去了女鬼、大天使等众多次要角色以及与知识树、逃出伊甸园有关的情节。他用形象化的表现方式描摹人性：人类迈出第一步的喜悦如何被认识世界的痛苦覆盖，在布满荆棘的道路上如何克服重重阻碍，当悲伤袭来时如何被击垮，而当希望来临时又如何重新振作……从开场的轻松诙谐，逐渐过渡到哲学家般的对生命悲剧性思考，对善与恶的深刻辨析。

作曲家彼得罗夫观看明斯克首演后表示，这是《创世纪》迄今所有改编中最富有表现力的版本，是他最喜爱的版本。时任白俄罗斯共产党中央第一书记彼得·马谢罗夫也观看了演出。演出结束后，他对叶利扎利耶夫说："我们欠你一件东西！"叶利扎利耶夫听罢一头雾水。直到一个星期后他被授予"功勋艺术家"称号并获得一套住房，才明白马谢罗夫的用意。

1978年，30岁的叶利扎利耶夫根据白俄罗斯作曲家叶甫盖尼·格列博夫的同名作品，创作了芭蕾舞剧《蒂尔·艾伦施皮格尔的恶作剧》。舞剧上演后一度被认为是叶利扎利耶夫最成功的作品。一般来说，舞剧编排难点在于舞蹈有时很难完全反映出文学作品的精髓。如果编导刻意追求贴近原著，反而会远离其中心思想。旧版《蒂尔·艾伦施皮格尔的恶作剧》就遇到过这一问题：尽管剧中有煤矿工人克拉阿斯、克拉阿斯的妻子萨奥特金、养鱼的拉米亚等各种原著角色的出现，观众既看不到一个真正意义上爱搞恶作剧的蒂尔，也无法感受到作品的精神内核。而叶利扎利耶夫做到了：他凭借独特的电影叙事风格、浑厚有力又质朴的民间竞赛舞编排，使"蒂尔"没有脱离古典芭蕾语言的塑造，又在传统基础上加入了新元素。这个蒂尔形象更加生活化、具象化，而其动作表达更加抽象。叶利扎利耶夫认为，芭蕾也应随着时代而发生变化。

1980年叶利扎利耶夫导演了舞剧《斯巴达克》，实现了他多年的夙愿。他清晰地记得多年前在列宁格勒基洛夫剧院第一次观看《斯巴达克》时的情形。从那时起，他就梦想着有一天自己也能排演《斯巴达克》。在他之前，已有尤里·格里高里维奇，莱昂尼德·雅各布逊，伊戈尔·莫伊谢耶夫等多位艺术家改编《斯巴达克》，其中雅各布逊和格里高里维奇的版本都给他留下深刻印象。但他仍想自己创造一个全新的剧本。他把这一想法告诉了原曲作者阿拉姆·哈恰图良。不料，哈恰图良没有同意："我不会允许做第40个版本的改编了。总共4幕戏。就这样。"

要知道，此前雅各布逊、格里高里维奇都与哈恰图良就删减情节一事闹得很不愉快，雅各布逊和哈恰图良甚至在涅瓦大街上为此事争吵起来。然而，叶利扎利耶夫坚持己见："那么能否删去斯巴达克是因为妓女而失败的情节呢？"显然，他理想中的斯巴达克故事，首要目的是突出斯巴达克和克拉苏这两名主角的戏剧冲突，而"埃吉娜"——给斯巴达克设下圈套的交际花形象是多余的。他认为，即使没有这个角色，斯巴达克的命运也注定是悲剧性的。

哈恰图良听后沉思良久，拿出两瓶亚美尼亚白兰地放到面前，开始与叶利扎利耶夫讨论新剧本。他最终认可了叶利扎利耶夫的改编。

大剧院前任舞美设计师叶甫盖尼·雷希克参与了《斯巴达克》的舞美设计。雷希克是乌克兰著名的人民艺术家，乌克兰国家奖获得者。他与叶利扎利耶夫的艺术理念不谋而合，两人从《卡门组曲》就开始了长达数十年的合作。雷希克比叶利扎利耶夫年长许多，思维敏捷。叶利扎利耶夫称他是"一名思想家、哲学家，优秀的合作者"。两人刚开始合作时，雷希克已是颇有经验的大艺术家，叶利扎利耶夫总是听取他的意见和看法。雷希克为人谦虚，欣赏叶利扎利耶夫的才华，称赞他的编舞才能给每一个剧目都带来决定性成功。雷希克的服装设计与舞台设计光鲜亮丽、富有表现力，与叶利扎利耶夫的舞蹈编排完美地结合在一起。乌克兰利沃夫歌剧芭蕾舞剧院艺术指导塔杰伊·雷德扎克曾评价说，雷希克在《斯巴达克》中的设计"去除了一切繁琐多余的事物，删去了和罗马的联系，甚至去掉了竞技场，改换为乌云密布的天空"。这一设计旨在展现历史轮回的宿命和关于自由的永恒主题。叶利扎利耶夫和雷希克的合作就像格里高里维奇和舞美设计师西蒙·维尔萨拉泽一样默契，编剧和舞美设计融为一体。1991年雷希克去世后，叶利扎利耶夫在与设计师恩斯特·格伊杰伯列赫特合作时，也始终坚持雷希克的舞美理念。

《斯巴达克》创作于 1956 年，在此之前，古典芭蕾舞剧的故事几乎被神话和爱情垄断，男演员只是为衬托女演员而存在。而《斯巴达克》让男性成为主角。但叶利扎利耶夫并不认为这是一部"男性芭蕾舞剧"，在他看来，爱情是《斯巴达克》舞剧的灵魂，而爱情的主宰首先是女性。叶利扎利耶夫的版本无疑是成功的。《斯巴达克》在首演后的 30 年间一直是白俄罗斯最受欢迎的芭蕾舞剧目。后来，叶利扎利耶夫还把它带到了土耳其安卡拉，带到了埃及开罗大剧院的舞台上。

03
每天都在创新的芭蕾大师

1983 年，叶利扎利耶夫将德国作曲家卡尔·奥尔夫的名作《布兰诗歌》改编为芭蕾舞剧。当时，奥尔夫及其作品都被苏联当局列入禁演名单。叶利扎利耶夫此举甚至被误解为同情法西斯分子的行径。他以中世纪诗歌为蓝本，颠覆奥尔夫的原作，创作了一个全新的芭蕾舞版《布兰诗歌》，成为苏联排演芭蕾舞版《布兰诗歌》的第一人。不同于《创世纪》《蒂尔·艾伦施皮格尔的恶作剧》和《斯巴达克》等作品所展现的澎湃汹涌的情感，叶利扎利耶夫在《布兰诗歌》中将美学理念凝聚于诗歌和隐喻，突出了对爱情、甜蜜、苦涩和宽恕等情感的描绘，充分展现了古典芭蕾舞剧对"感官世界"的表达，造就了独特的优美、深情和诗意。

叶利扎利耶夫编排的舞剧完美地结合了古典芭蕾与现代芭蕾的特点。由于舞蹈本身不需要台词设计，他的舞台语言更加象征化，观众在观演中可描摹自己心中的人物形象。叶利扎利耶夫擅长塑造各式各样的女性角色，例如《蒂尔·艾伦施皮格尔的恶作剧》中的涅列，《创世纪》中的夏娃，《斯巴达克》中的弗里吉亚等。他所领导的芭蕾舞团女演员柳德米拉·布尔索夫斯卡娅和伊涅萨·杜什科维奇完美地表演了这些角色。

在叶利扎利耶夫看来，实际上，芭蕾舞每天都在发生革新。一般认为，古典芭蕾是芭蕾的高级表达方式，是高度抽象的舞蹈。而叶利扎利耶夫认为，芭蕾舞应当是具象化的哑剧表演与抽象舞蹈的结合，既应包含内容，又应理解和阐释内容。纵观芭蕾舞剧，几乎所有优秀的角色，都是先有具体的演绎，才会有接下来抽象化的表现。例如，浪漫主义芭蕾舞剧《吉赛尔》的第一幕就融合了不少哑剧表演，紧接着的第二幕开始抽象化的舞蹈演绎；而在《天鹅湖》中，贴合实际生活、具象化的第一、第三幕，表现天鹅主题，抽象化的第二、第四幕，都诠释了日常生活细节向高度凝练的过渡……

1982年，叶利扎利耶夫受联合国教科文组织资助，前往巴黎进修。

1992起担任白俄罗斯共和国国家歌剧芭蕾舞剧院芭蕾舞团艺术指导，1996年升任芭蕾舞团艺术总监。他领导大剧院芭蕾舞团的时间长达36年，期间创作了20多部经典芭蕾舞作品。

1995年，受聘为白俄罗斯国立音乐学院教授。同年被授予"贝奴阿舞蹈奖"。迄今为止全世界只有4位芭蕾舞编导荣获该奖项。

1996年，担任欧洲文化委员会委员，受聘为国际斯拉夫科学院院士（莫斯科）。1997年受聘为彼得罗夫科学艺术学院院士（圣彼得堡）。

2000—2008年，担任白俄罗斯共和国国民会议代表院（议会下院）委员。

2009年，因不满剧院的人事安排，叶利扎利耶夫离开了白俄罗斯国家歌剧芭蕾舞剧院。离职后刚开始的一段日子过得很艰难。担任歌剧指导的妻子也申请离职。曾有许多国外剧院邀请他及其团队前往演出，都被他婉拒。他只想在白俄罗斯进行创作和展现，希望全世界都能看到一个属于白俄罗斯芭蕾的叶利扎利耶夫。但是后来叶利扎利耶夫还是决定走出白俄罗斯。他带着自己的团队前往俄罗斯、乌克兰、德国、土耳其、日本、保加利亚等多地演出，获得众多好评。

2010年，叶利扎利耶夫受开罗芭蕾舞剧院邀请，将《斯巴达克》带到了埃及舞台上。这不是埃及观众第一次近距离接触叶利扎利耶夫的芭蕾舞剧，多年前，白俄罗斯国家芭蕾舞团曾在世界各地举办巡演，其中一站就是埃及，上演了叶利扎利耶夫编排的《胡桃夹子》。

2013年，《天鹅湖》在日本著名古典音乐厅——东京文化会馆大剧院上演。演员阵容庞大，既有日本芭蕾舞领军人物，又有来自圣彼得堡马林斯基剧院和米哈伊洛夫斯基剧院的艺术家。叶利扎利耶夫选取了1901年亚历山大·戈尔斯基的古典芭蕾版本进行改编演绎。舞剧上演后大获好评，迅速被制成光碟发售。

从1992年起，叶利扎利耶夫担任白俄罗斯维捷布斯克国际艺术节现代芭蕾舞大赛评委。此外，他在瓦尔纳（保加利亚），莫斯科、喀山（俄罗斯），名古屋（日本），基辅（乌克兰），杰克逊（美国），上海（中国）等地举办的国际芭蕾舞大赛上担任评委。2016年，担任第六届尤里·格里高里维奇世界"青年芭蕾舞"大赛评委。

2017年10月底，离开8年后，叶利扎利耶夫携《斯巴达克》重返白俄罗斯国家歌剧芭蕾舞剧院舞台。

04
芭蕾艺术的光明未来

叶利扎利耶夫的事业离不开一个重要人物的陪伴,那就是他的妻子玛格丽特·伊斯沃尔斯卡－叶利扎利耶娃。

叶利扎利耶娃出生于保加利亚,毕业于列宁格勒里姆斯基－科萨科夫音乐学院。两人在列宁格勒音乐学院学习的保加利亚小伙子和俄罗斯姑娘的婚礼上相识,当时玛格丽特·伊斯沃尔斯卡还是音乐学院一年级学生,而叶利扎利耶夫已是白俄罗斯国家歌剧芭蕾舞剧院小有名气的导演。两人有许多共同爱好,都爱读象征派诗歌。起初,她的父母反对这桩婚事,因为芭蕾舞导演这份工作在保加利亚并不体面,更重要的是,他们不认为苏联是一片福地。但随着对叶利扎利耶夫的深入了解,他们接受了他。半年后,叶利扎利耶夫和玛格丽特组建了家庭。

在家里,叶利扎利耶夫叫妻子"玛尔格"(玛格丽特的爱称),经常纠正她不大地道的俄语。叶利扎利耶娃说,他俩在生活和性格上有很多差异,比如他爱吃鱼,而她却不喜欢。但这些都不重要,重要的是两人对艺术、创作的品位是相同的。他们彼此信赖，乐于互相交流分享，从另一个角度看待生活和世界。玛格丽特具有很强的音乐能力，对歌剧和舞剧的造诣尤深。凡是遇到创作上的问题时，叶利扎利耶夫都会征求妻子的意见。

女婿对岳父母非常关心。多年后，玛格丽特的母亲病重时，叶利扎利耶夫把自己所有的奖金都拿出来给她治病。他整日陪伴在病榻旁，握着岳母的手，陪她说话。

玛格丽特曾获白俄罗斯苏维埃社会主义共和国"功勋艺术家"称号，现任白俄罗斯国立音乐学院教授。如今，他们的女儿生活在明斯克，儿子和孙子则生活在保加利亚。

叶利扎利耶夫与著名芭蕾舞演员玛雅·普莉谢茨卡娅相识40多年。两人曾在1976年根据屠格涅夫作品《春潮》改编的电影《幻想》中合作，叶利扎利耶夫受邀为电影排演芭蕾舞剧，而电影芭蕾在当时是一种非常新颖的形式。参与合作的还有导演阿纳多利·埃夫罗斯、服装设计师皮埃尔·卡丹、摄影师斯莫克图诺夫斯基等知名艺术家，剧本台词由普莉谢茨卡娅撰写。叶利扎利耶夫和普莉谢茨卡娅在有限的合作期间一直保持着良好的友谊。普莉谢茨卡娅说："不管和哪一位编导合作，我向来不喜欢跟随别人，我有自己的想法，和别人的感受不一样。但和叶利扎利耶夫合作时，我愿意完全接受他的意见。"叶利扎利耶夫的女儿出生时，普莉谢茨卡娅还特意给孩子准备了玩具和衣服作为礼物。

2015年10月,叶利扎利耶夫参加了纪念普莉谢茨卡娅诞辰90周年活动。他在接受新闻媒体采访时说:"普莉谢茨卡娅的交际圈子很有限,但我有幸是其中一员。"

叶利扎利耶夫与普莉谢茨卡娅的丈夫、俄罗斯著名作曲家罗季昂·谢德林从学生时代就相识。谢德林创作了7部歌剧、5部芭蕾舞剧、3部交响曲及其他多部音乐作品,曾获"苏联人民演员"称号,是列宁奖、苏联国家奖及俄罗斯国家奖的获得者。谢德林曾在叶利扎利耶夫的处女作《卡门组曲》中担任音乐监制。

叶利扎利耶夫是个亲切、健谈的人。他的朋友很多,在列宁格勒求学时,当地小商铺的小贩们总会特意给他留下一些最新鲜的水果或食材:牛排、干香肠、咖啡等。他的作息时间一直很有规律:早上8点开始工作,晚上11点结束工作。他的家中堆满了书籍,不仅有与关于芭蕾舞的书籍,而且有关于心理学、哲学、艺术史、古典文学、回忆录、诗歌等图书,特别是波兰革命诗人米茨凯维奇的诗集……

对叶利扎利耶夫而言,芭蕾早已融入他的生活,"是意识、身体、心灵的一部分"。他说:"我透过舞蹈来感知世界。"他时常会梦见芭蕾舞场景,《胡桃夹子》第一幕戏的场景就是在一次梦中"遇见"的。每一场戏,每一出剧目都是他的"孩子",是他用智慧、情感、心灵"分娩"的。他认为,芭蕾舞剧必须在两个月就从头到尾排练一次,否则只会剩下形式,其内涵就会慢慢流失。他追求有内涵的芭蕾,单纯随音乐起舞,即便舞姿再优美、场面再辉煌,也不是他理想中的样子。对他来说,一场舞剧中最重要的不是情节,而是舞剧本身所蕴含的宏大而深刻的思想。

叶利扎利耶夫认为,一名优秀的芭蕾舞者首先应当是个思考者,芭蕾舞不是一味地重复,对舞者来说,重要的是在角色中展现独立的人格和个性。

如果芭蕾舞演员是思想本身,那么芭蕾舞导演就是缔造思想的先行者。一名优秀的舞蹈编导需要有广阔的视野、想象力,勤于思考,尤其是芭蕾舞行业正在经历新一轮发展的时候。芭蕾舞如要实现新的发展,不仅需要舞蹈语言的更新,而且更需要剧本创作的革新。而舞蹈语言和创作的革新取决于在时间流逝中对生活经验的不断积累。

一部完整的芭蕾舞剧是作曲家、演员、芭蕾舞编导、导演以及舞台设计师等合作完成的作品,从构思到完成一般不会少于3年。马里乌斯·彼蒂帕是19世纪圣彼得堡皇家剧院最著名的芭蕾舞编导,被誉为"古典芭蕾之父"。他曾为柴可夫斯基编写了一份周密的《睡美人》计划,向他展示这部舞剧的情节线索、人物性格,甚至舞蹈段落的速度、拍子和小节数。柴可夫斯基根据这份计划写完曲子后，彼蒂帕又精心设计编排了舞蹈和场面。柴可夫斯基完成《睡美人》的作曲后写道："这是柴可夫斯基与彼蒂帕合作完成的作品。"可见一名优秀编导对于舞剧的完成是不可或缺的。

芭蕾舞演员与芭蕾舞编剧的配合尤为关键。每当筹划新剧目时，叶利扎利耶夫都亲自挑选符合角色的演员，这使该剧目在演出时能达到良好的效果。

关于芭蕾舞编导教学，叶利扎利耶夫坦言，这不是一项普通的教学工作，不是简单的信息积累过程，而是历史、文化传统的潜移默化。信息和数据可以从网络上获取，而芭蕾舞编导却是一个非亲身体会不可得其道的工作。

在一次访谈中，叶利扎利耶夫这样谈及白俄罗斯歌剧芭蕾舞剧院的未来和白俄罗斯芭蕾舞艺术的未来："如今大剧院的常演剧目都是国外名家作品，很少排演自己的剧目。白俄罗斯歌剧芭蕾舞大剧院之所以被称为'大剧院'，就应当有自己的作品、自己的导演和编剧。如果能把白俄罗斯民间故事、神话、传说，白俄罗斯文学、小说、诗歌等体裁都利用起来，白俄罗斯芭蕾艺术就将拥有一个更为光明的未来……"

（作者张严峻，华东师范大学国际关系和地区发展研究院博士研究生）

编者附记

2017年春,中国社会科学院俄罗斯东欧中亚研究所所长李永全打电话给我,希望我协助中国传记文学学会主编"一带一路"沿线国家人物传记中的《白俄罗斯10人传》卷。盛情难却。同时,我也觉得我国对白俄罗斯还了解甚少,很有必要向人们介绍白俄罗斯的历史著名人物,所以,经过与中国传记文学学会会长王丽和秘书长鞠思佳洽商后,我慨然应诺。

但是,由于这一年我确实很忙,就请求北京第二外国语学院和华东师范大学国际关系和地区发展研究院白俄罗斯研究中心的朋友们给予帮助。北京二外俄语系张惠芹教授和华东师大白俄罗斯研究中心主任贝文力副教授欣然同意,积极组织他们的教师和研究生力量,在半年左右时间里完成了这一艰巨的人物研究和写作任务。对于他们的大力支持、热心参与和认真负责的精神,我深表感谢!

因为这是第一次向中国读者介绍白俄罗斯十大人物，以助于人们了解白俄罗斯的历史、文化、人文等方面的情况，所以我就如何确定白俄罗斯十大人物征求了白俄罗斯驻华大使鲁德先生的意见，并请他为此书写序。非常感谢鲁德大使，他在百忙中与我就此书人物进行交谈并赐序。

本书英文目录翻译工作由北京第二外国语学院研究生洪丹、徐焕、尉世云、徐志杰承担。葛一鸣对译文进行了校对。葛一鸣还作为本书稿的第一读者，通读了全稿并提出一些有价值的修改意见。对这些同学，我也表示十分感谢！

本书介绍的十位白俄罗斯人物及其故事，只是白俄罗斯丰富的历史文化宝藏的冰山一角，沧海一粟。还有许多著名人物，例如作家瓦西里·贝科夫、阿莱斯·阿达莫维奇、政治家斯塔尼斯拉夫·舒什克维奇，都是蜚声白俄罗斯国内外的重要人物。相信随着"一带一路"国际合作的不断加强，中白两国的文化艺术合作也将逐渐深入，将有更多关于白俄罗斯的作品翻译出版，为增进中白两国人民相互了解和相互理解发挥作用。

王宪举

2019年3月于昆明

后 记

"一带一路"相关国家众多，代表性人物众多，为中外交好、民心相通作出杰出贡献的人士众多，因此，为"一带一路"璀璨群星立传，既使命光荣，又责任重大。在这项浩大工程的策划、组织、执行过程中，有许许多多的人士参加了有关传主的名单征集和审定，以及写作、翻译、审读、编辑、出版、筹资、联络等繁重而琐细的工作。所有参与的人员，以拳拳报国之心，尽深厚学养之力，克服了时间紧、任务重、要求高、压力大等诸多困难与挑战，最终圆满完成了任务。在本书付梓之际，丛书编委会特向参与本项目的全体同志致以崇高敬意和衷心感谢！

同时特别需要鸣谢的是，提出策划并领导实施此项目的中国传记文学学会会长王丽博士，基于长期法律实务经验和担任"一带一路服务机制"主席职务的便利，她对相关国家和走出去的"一带一路"建设者和广大青少年的需求了解真切，提出应当为他们写一套介绍各国典型人物的简明易读的传记，为他们提供健康的精神食粮。她把这项"额外"的工作当成了事业，联袂商会筹集资金、苦口婆心招揽作者、精心挑选传主名录、夙夜青灯挥笔写作、近乎偏执逐字推敲、亲力亲为呕心沥血。面对如此浩大的出版项目和繁重的出版任务，当代世界出版社毅然承担了绝大部分图书的出版任务，而且出版社的领导与中国传记文学学会的负责同志一起协商，寻求有关部门的支持和帮助，努力将该传系打造成高质量的精品好书。在此，我们特向项目牵头人和当代世界出版社相关领导和编辑致以崇高敬意和衷心感谢！

尤其让我们感动的是，在项目执行过程中，一些富有家国情怀的民间商会和企业家的慷慨解囊，虽不足以支撑项目的全部费用，但是他们所表现出的热心和支持，让我们坚定了走下去的信心和决心。在此，我们要特别鸣谢为本书的创作出版做出捐赠支持的中国民营经济国际合作商会、亿阳集团股份有限公司、富通集团有限公司以及太平洋证券股份有限公司，并对他们的拳拳报国之心和慷慨无私帮助致以崇高敬意和衷心感谢！

一项伟大的事业，离不开许多默默无闻的奉献者。在本传系的组织、编写、出版过程中，有历史、文学、科研、外交、教育、法律、翻译、出版等领域的数百位专业人士参与，恕不能在此一一详列。需要特别提出的是，鞠思佳、李嘉慧、景峰等同志为组织联络、搜集资料到处奔波而毫无怨言，唐得阳、唐岫敏、白明亮、谭笑等同志在编写、翻译、编辑、校对过程中的细致与负责让我们感动，赵实、胡占凡、高明光、吴尚之、刘尚军、李岩、王灵桂、李永全、陈小明、许正明、宋志军等同志睿智的指点和专业的帮助让我们避免了走许多弯路。在此，我们特向以上各位同志致以崇高敬意和衷心感谢！

当然，由于我们水平所限，本丛书难免有某些不尽人意之处和瑕疵，敬请学界专家和各位读者不吝赐教，我们将在作品再版之时吸收完善。在此，我们也向各位读者提前表示崇高敬意和深深感谢！

"'一带一路'列国人物传系"编委会

2019年3月30日

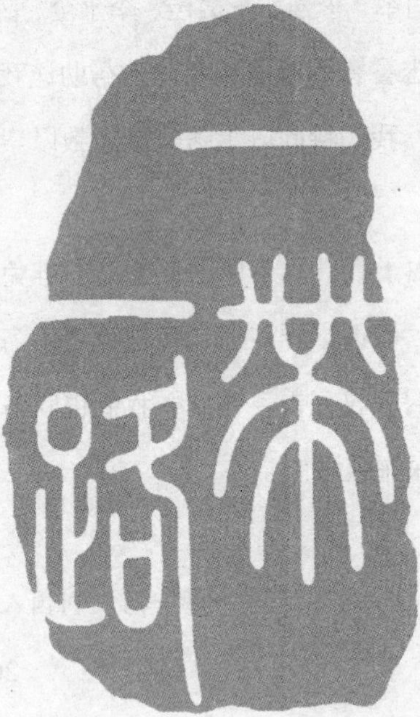